U0730896

马克思主义理论教育探索

王晓旭◎著

线装书局

图书在版编目（CIP）数据

马克思主义理论教育探索/王晓旭著.--北京:线装
书局,2023.9
ISBN 978-7-5120-5562-9

Ⅰ.①马… Ⅱ.①王… Ⅲ.①马克思主义理论－政治
理论教育－研究－中国 Ⅳ.①A81

中国国家版本馆 CIP 数据核字(2023)第 135892 号

马克思主义理论教育探索
MAKESI ZHUYI LILUN JIAOYU TANSUO

作　　者：王晓旭
责任编辑：林　菲
出版发行：线装书局
　　　　　地　址：北京市丰台区方庄日月天地大厦 B 座 17 层（100078）
　　　　　电　话：010-58077126（发行部）010-58076938（总编室）
　　　　　网　址：www.zgxzsj.com
经　　销：新华书店
印　　制：北京四海锦诚印刷技术有限公司
开　　本：787mm×1092mm　　1/16
印　　张：10.25
字　　数：197 千字
版　　次：2023年9月第1版第1次印刷
定　　价：78.00 元

线装书局官方微信

前　言

马克思主义是在实践的基础上进行发展的一套严谨的科学理论，对现如今我们的社会还有很重要的时代价值。要想分析马克思主义理论时代价值，就要从马克思主义理论的发展史开始，到自我的反思和各种理论结合中进行分析。在当前的社会发展进程中，文化繁荣、科学技术发展迅速，人和人以及人与自然之间的矛盾也越来越多，这种变化在很大程度上为包括马克思主义理论在内的社会科学提供了丰富的发展空间。马克思主义理论的方法论指导主要是通过唯物辩证法、历史唯物主义以及辩证唯物主义所提供的，其是一项具有阶级性和高度概括性的科学，给我国特色主义现代化道路发展提供了积极的促进作用。

马克思主义是科学的理论、人民的理论、实践的理论、发展的理论。学好学会学活马克思主义、善用马克思主义理论指导实践、突围破局、解决问题的时代使命越来越突出，加强马克思主义教育的任务越来越紧迫。本书从马克思主义理论体系的组成部分介绍入手，针对马克思的本体论革命与新唯物主义世界观、马克思主义人的本质与全面发展教育进行了分析研究；另外对马克思主义理论教育中的美育、马克思主义教育与生产劳动相结合做了一定的介绍；还对马克思主义哲学教育创新做了研究。

本书在编写过程中学习和借鉴了国内外同行们的理论与实践的相关研究成果，采用通俗易懂的形式，既注重实用性、时效性，又注重系统性、理论性，内容生动活泼，形式多样。编写过程中还参阅了大量相关图书和网络资料，在书中无法逐一列出，在此一并表示衷心的感谢。

目　录

第一章 马克思主义理论体系的组成部分

第一节　马克思主义哲学的理论基础

一、哲学是世界观的理论形态

（一）作为世界观理论形态的哲学及其特征

哲学为什么难以定义呢？这与哲学存在的方式有关。而且世间并不存在唯一的哲学形态，哲学存在的方式表现为哲学史。西方有西方哲学史，从古希腊、罗马的苏格拉底、柏拉图、亚里士多德，到当代各种各样的哲学流派；中国有中国哲学史，从孔子、孟子、老子、庄子，到魏晋玄学、宋明理学，如此等等。不同时代、不同民族的哲学家又往往因为研究问题的不同而强调哲学的不同方面。例如，在古希腊、罗马，自然哲学处于支配地位，哲学因此被看作是关于存在的学说，而在古代中国，哲学家强调对人生和道德的研究，哲学因此被看成是关于人生和伦理的学说。近代哲学家如英国的洛克和德国的康德，则把哲学看作关于人的认识活动和认识能力的学说；在现代西方哲学中，流行于欧洲大陆的人本主义把哲学看作关于人的学说，流行于英美的分析哲学则认为，哲学的唯一任务是对科学命题进行语言和逻辑的分析。究竟什么是哲学，可以说是众说纷纭，莫衷一是。

尽管不同时代、不同民族、不同哲学家关注的哲学问题不尽相同，哲学是一个包含不同的哲学体系、众多的哲学家和许许多多哲学问题的学说，但既然都是哲学，总有共同点可寻，否则哲学史就是没有哲学的哲学史，这正如没有哈姆雷特的《哈姆雷特》一样，是个悖论。哲学史必须有主角即哲学，因此哲学是可以定义的，这个定义的根据，就是不同哲学体系研究问题的共同点。黑格尔说过，"不管各种哲学体系彼此如何不同，它们之间的差别总不如白色和甜味、绿色和粗糙之间的差别那样大；它们的相同之点在于，它们都是哲学"。所以我们应该在各个哲学体系的特点和所涉及的哲学问题中探求它的共同本质。这样，我们就要越出哲学体系的特殊性而看到它的共同性，这个共同性就是归根结底任何一种哲学体系都是用最普遍的概念、最一般的范畴来把握世界。正是在这个意义上，我们说，哲学是世界观的理论形态，或者说是系统化、理论化的世界观。

我们还可以从哲学和具体实证科学的比较方面，更清楚地理解为什么说哲学是世界观。

首先，具体科学也是以世界为对象。不同的是，任何自然科学或社会科学都是以世界（包括自然和社会）中的某一方面为对象，它所研究的问题是具体的，限于特定的领域，而哲学以世界总体为对象，哲学所研究的问题和得出的结论具有普遍性，并不限于个别领域。如果我们问下雨的原因是什么，这属于气象学问题，可如果我们问原因与结果的关系是什么，这属于哲学问题，因为因果规律是普遍性规律；飞机为什么会飞，这属于空气动力学问题，可飞机会飞之理是存在于飞机之外，还是存在于飞机制造之中，这属于哲学问题，因为理在事中还是理在事外，适用于各门科学；人为什么有生有死，这属于医学问题，可人如何对待生与死以及人生的意义和价值问题，这属于哲学问题，因为它不是某个人的问题，而是属于人类的普遍性问题。世界的总体性、问题的普遍性、表现方式的抽象性，把哲学与具体科学区分开来，虽然它们面对的是同一个客观世界。

其次，具体科学只研究对象，而不研究作为研究主体的人自身与对象的关系。撇开认识主体单纯研究对象自身——这是具体科学的特点。哲学作为一种世界观，不是站在世界之外"观世界"，而是研究人与世界的关系，以及主体与客体的关系、思维与存在的关系，等等。换言之，作为世界观，哲学不仅要探求世界的客观本性和普遍规律，而且必须探求人自身以及人同世界的关系，探讨人类认识世界和改造世界的可能性、途径和普遍方法。这就是说，实证科学的总和仍然是对世界的实证知识的叠加，哲学则是以人与世界关系为中心而展开的对世界的总体性把握，它包括本体论、认识论、价值论、人生论、方法论等。

最后，具体科学表现为关于某一领域的某种具体知识，哲学则是对包括社会和人在内的世界的宏观把握，表现为一种哲学智慧。哲学这个词源自希腊语"philosophia"，本意是"爱智慧"。实际上，哲学不仅是"爱智慧"，它本身就是一种智慧。它对世界、社会和人生的规律性把握，为人们提供了如何面对世界和自我、如何提高思维水平和自身素质的高超智慧。从这个角度说，哲学与具体科学的区别，是智慧与知识的区别。

哲学智慧不同于实证知识。例如，知道水到 0 摄氏度会结冰，到 100 摄氏度会变为气体，这是科学，但由此知道量变可以引起质变，并懂得防微杜渐，这是哲学智慧。量变是不明显的，只有有智慧的人才能见微知著，智者见于未萌，愚者暗于成事。知道树叶有正面有背面，房子有阴面有阳面，这是常识，可由此知道"凡物莫不有对"，并从中引出"一分为二"，懂得兼听则明、偏听则暗，这就是哲学智慧。说"白马非马"显然违背事实，可中国传统哲学中关于"白马非马"的命题却包含一般与个别关系的哲理。说"飞箭不动"不符合事实，可通过它揭示的运动是连续性与非连续性统一的观点，却体现着深刻的哲学智慧。哲学智慧与实证知识的不同之处就在于，它虽然要以具体科学的知识为依据，但它又不是这些具体科学知识的简单相加，而是对各种知识中蕴含的普遍规律和意义的揭示。这就是从具体的科学知识到普遍哲学智慧的升华，或者说是转识成智。

哲学与具体科学的关系又极为密切。在古希腊罗马时期，哲学是作为包括各种实证知识在内的知识总汇。后来各门具体科学不断地从哲学中分离出来，这种分离无论对哲学还是对科学都是一种进步。但是，这种分离不是脱离更不是对立。哲学不能脱离科学，哲学需要通过对科学知识进行概括、总结和再思考的方式来把握人与世界的关系。离开科学的所谓哲学智慧只能是"假（假话）、大（大话）、空（空话）"。

中国文化中所蕴含的哲学智慧也是无与伦比的。先秦诸子百家、两汉经学、魏晋玄学、宋明理学以及明清之际的哲学思想，都是中国传统哲学的辉煌成就。尽管中国古代哲学与西方近代哲学不同，但它并不是面壁虚构的产物。至于中国哲学著作中的大量寓言，如用"郑人买履"嘲笑教条式的思维方式，用"刻舟求剑"批评形而上学，用"揠苗助长"来批评违背自然规律，用"守株待兔"讽刺把偶然当作必然，都是中国式的哲学智慧，而且颇有日常生活经验和情趣。

（二）世界观与人生观

作为世界观的理论形态，哲学既包括对人与自然关系的总体理解，又包括对人与社会关系的总体理解，还包括对人本身以及人生意义的总体理解，关系到人们对待生活的根本态度以及人们思想行为的根本准则。有什么样的世界观，就有什么样的人生观。人生观是关于人生问题的根本观点，直接决定着人们活动的目标、人生道路的方向和对待生活的态度。

世界观决定人生观。有什么样的世界观就有什么样的人生观，在世界观之外，不与任何世界观相联系的独立的人生观是不存在的。例如，如果认为世界并非客观的世界，世界是空幻，世界是虚无，以这种世界观观察人生必然是悲观的，必然会看破红尘，认为人生毫无意义，一切无非过眼烟云。如果认为世界是客观世界，人能改造世界，并为人类创造美好的未来，必然对人生抱积极态度，肯定人生的意义和价值。中国共产党人之所以有为革命而献身、视死如归的人生观，就是因为他们承认世界的客观性，承认历史发展规律，承认世界和社会因为人的创造而变得美好。中国共产党人的人生观就是以科学世界观为依据的积极人生观。

在人生观中，一个最根本的问题就是死亡问题。人人会死，可对人人会死这个客观事实完全会由于世界观不同而得出两种完全不同的结论。有人认为，既然人人总归一死，是非成败转头空，青山依旧在，几度夕阳红。那人生的理想、价值和意义都是空的。

马克思主义哲学以辩证唯物主义世界观分析对待死亡，得出的是完全不同的结论。按照辩证唯物主义世界观来说，死亡是自然规律，恩格斯在《自然辩证法·生和死》中说过，"今天，不把死亡看作生命的本质因素、不了解生命的否定从本质上说包含在生命自身之中的生理学，已经不被认为是科学的了，因此，生命总是和它的必然结局，即总是以萌芽状态存在于生命之中的死亡联系起来加以考虑的。辩证的生命观无非就是如此"。恩格斯还补充了一句，"生就意味着死"。生死相依，再蠢的人、再怕死的人都无法否认这个事实。这是铁的规律。

人生意义与价值问题的产生，正在于人生短促，人人会有一死。在有限的人生中，如何尽到做人的责任？不同的人生价值观，主要表现为对生与死不同意义的认识。所谓"人固有一死，或重于泰山，或轻于鸿毛"，讲的就是短暂人生中的人生意义问题。"人生自古谁无死，留取丹心照汗青"是一种对人生意义的积极理解。

在生与死的问题上，我们应该贵生知死。贵生，即要重视生命的价值，尽量避免过早去世，尤其是各种非正常死亡；也要知死，即死得有价值，我们应该反对那种青年或因感情纠葛，或因考试失利，或因就业受挫，甚至某些不如意的小事，就轻生跳楼、漠视生命的做法，因为这既对不起父母，对不起国家，也表明这些人缺乏对生命的意义和价值的正确理解。

人生观也反作用于世界观。一个有积极乐观人生观的人，看待世界、看待社会总是积极的。在他们看来，地球并不会因某些个人死亡而停止运转，社会也不会因为某些个人死亡而停止发展，人类的前途是光明的。悲观主义者眼中的自然界是黯淡的，没有生气的，这种人见花落流泪，睹月缺伤情。这种人生观，对世界和对社会都抱着一种悲观、绝望的情绪，这种人生观不可取，我们要在科学世界观指导下树立积极向上的人生观，在积极人生观的推动下不断巩固科学世界观，形成科学世界观和积极人生观的良性互动。

（三）哲学在文化中的地位

哲学自身不可能孤立地存在和发展，总是与那个时代的科学、艺术、道德等紧密相连，以文化为土壤。人类很早就力图认识生与死、此生与来世的相互关系问题。当人类摆脱了原始幼稚的思维方式，不是以神话的方式，而是以概念、范畴、命题的形式来探讨这些问题时，就标志着哲学思想的产生。

哲学既依存于文化，又以其世界观和人生观、思维方式和价值观念成为文化发展的导航器。哲学表现为一种民族精神的传统，一种内在凝聚力，一种人生境界，并体现了一个民族在特定历史时期所达到的文明程度。人类文化史表明，任何一种比较发达的文化形态都有其相应发展的哲学水平。无论是西方的古代希腊罗马文化，还是东方的印度和中国文化，无不如此。哲学既是各种文化形态的凝结，又是贯穿各种文化形态，使其整合为一个有机整体的串线。哲学"是文明的活的灵魂"。

古希腊历来被认为是欧洲文明的摇篮，也是欧洲乃至整个西方哲学的故乡。从公元前6世纪左右的泰勒斯开始，逐步形成了古希腊罗马哲学。古希腊罗马哲学最初形态是自然哲学，着重探讨整个自然界的构成问题。古希腊哲学家德谟克利特提出了原子和虚空问题，认为世界是由原子和原子在其中运行的虚空构成的。在古希腊罗马哲学家中，普罗泰戈拉具有特殊地位，他把哲学重点由研究自然转移至人自身，提出了"人是万物的尺度"的著名论断。苏格拉底和柏拉图继续沿着这个方向前进，把人、人的自我意识、人的生命和价值，以及真理和正义、善和美作为研究对象，大大拓展了哲学的内涵。

古希腊罗马时期是人类文明的早熟时期。那些著名的哲学学派，如米利都学派、爱非斯学派以及毕达哥拉斯、苏格拉底、柏拉图、亚里士多德等著名哲学家，使古希腊罗马文明发出耀眼的光芒。古希腊罗马哲学影响并渗透诸多文化领域，构成了这些文化领域创造的思想催化剂。例如，毕达哥拉斯学派关于"美是和谐"的观点，就同他们关于数的哲学思想密切相关。至于古希腊罗马哲学对西方人文主义思潮的影响是众所周知的。人文主义的兴起，同研究古希腊罗马哲学是不可分的。初期的人文主义者把目光转向被湮没的古希腊罗马文化，他们收集古代作品的手稿、抄本、残破的艺术雕塑和绘画，以及被埋在罗马废墟下的文物，并把注意力集中于古希腊罗马的哲学思想，力图从古希腊罗马哲学关于人的理论和对人的赞美中，找到"以人为中心"的历史和理论根据。

哲学是文明的活的灵魂，它自身又是文化的一种形态。作为一种文化，哲学同其他文化形态一样，有精华与糟粕之分。文明的活的灵魂是指哲学的积极方面。因此，有一个如何对待哲学传统的问题，我们既不能采取虚无主义，也不能采取复古主义；我们要使优秀的传统文化在当代得到发扬，又要使当代文化从传统中汲取营养。

二、哲学的基本问题是思维和存在的关系问题

作为世界观的理论形态，哲学研究包含许多领域（自然、社会和人类思维）、许多方

面（本体论、认识论、价值论、方法论）的问题，但其中有一个贯穿各个领域和方面，决定整个哲学体系性质，并对解决具体哲学问题具有支配作用的问题，这就是哲学基本问题。

（一）哲学基本问题的内涵

在哲学史上，黑格尔和费尔巴哈都讲过思维和存在的关系问题及其与哲学的关系，恩格斯则鲜明而完整地提出思维和存在的关系问题是哲学基本问题。在《路德维希—费尔巴哈和德国古典哲学的终结》中，恩格斯明确指出，"全部哲学，特别是近代哲学的重大的基本问题，是思维和存在的关系问题"，并认为哲学基本问题在内容上包括两个方面：第一方面是，精神和自然界、意识和物质、思维和存在何者为第一性、何者为第二性；第二方面是，"关于我们周围世界的思想对这个世界本身的关系是怎样的？我们的思维能不能认识现实世界？我们能不能在我们关于现实世界的表象和概念中正确地反映现实？"这是关于思维能否认识或正确认识存在的问题。

恩格斯关于哲学基本问题的论断，是以理论的方式浓缩地再现了哲学发展的历程。

人类的哲学观念首先是从哲学基本问题的第一方面开始的。在远古时代，人们就以特有的方式提出思维和存在、精神和自然界何者是本原的问题。当时的人们既不知道自己身体的构造，更不知道梦的本质，所以认为，思维和感觉不是人的身体的活动，而是由暂时寄居身体之中的灵魂的活动。这实际上是人类对思维和存在、意识和物质、精神和自然界何者是本原问题的最初思考。

人类进入文明社会后，开始产生了系统的哲学思维。哲学迈上文明舞台的最初形式是自然哲学。西方古代哲学的本质特征就是探讨精神和自然界、思维和存在何者为本原的问题，即本体论问题。西方近代哲学的研究重点发生转移，即由哲学基本问题的第一方面转向第二方面。培根、洛克、笛卡儿、斯宾诺莎、莱布尼茨、康德等，从不同角度对哲学基本问题的第二方面进行了深入研究和阐述。尽管在古希腊罗马、古代印度和古代中国都有过关于认识问题的哲学论述，但认识论处于哲学的中心地位，还是西方近代以来的事，是近代自然科学的发展把认识论的问题推到哲学的前台和中心地位。这表明，哲学的发展应该适应自然科学发展的要求。

哲学基本问题的两个方面，即物质和意识相互联系、相互渗透，任何一种哲学在解决哲学基本问题时，这两个方面都是相互影响的。

物质世界不依赖于人的意识而存在，物质是第一性的，意识是第二性的。可是，要得出这个论断必须通过人的意识，人们只有通过自己有意识的活动才能确证世界的客观实在性。这似乎是一个悖论。为了证明物质世界不依赖于人的意识而存在，首先要使它进入人的意识；要证明物质第一性、意识第二性，首先要把意识放在首要地位。如果物质世界不进入人们的实践和认识领域，那它就是永远处于彼岸世界的神秘的"自在之物"，如果不通过人的意识，就无法说明为什么物质是第一性的，意识是第二性的。

可见，对哲学基本问题第一方面的正确解答，有赖于对哲学基本问题第二方面的科学解答。同样重要的是，对哲学基本问题第二方面的正确解答，又离不开对哲学基本问题第一方面的科学解答。例如，唯物主义和彻底的唯心主义在认识论上都是可知论，但它们对认识的来源和本质的看法则完全相反。唯物主义承认世界的物质性，确认物质第一性，意识第二性，把认识看成是对物质世界的反映；唯心主义则把精神、思维看成世界的本原，认为认识是精神的自我认识，认识似乎不是反映客体而是建构客体。例如，在德国古典哲学家格奥尔格·威廉·弗里德里希·黑格尔看来，人们在现实世界中所认识的对象，归根到底是这个世界的思想内容即绝对观念。可见，不能把哲学基本问题的两个方面看成是互不相关、各自独立的问题。

其一，思维和存在的关系问题之所以构成哲学的基本问题，决定于人类活动的特点和哲学的本性。人与世界的关系不同于动物与世界的关系，它不是一种无意识的生命体与外部世界的关系，不是两个自然物之间的关系，而是一种有意识的生命体，即作为主体的人与对象世界的关系。存在和思维、物质和意识的关系是在人们认识世界和改造世界的活动中不断重复出现的关系，在人与世界的关系中，最重要、最普遍的关系就是思维和存在的关系。哲学基本问题并不神秘，它是人们的实际生活中的基本问题，首先是实践活动和认识活动中的基本问题：实践有实践主体和实践对象，科学研究有科学研究的主体和研究对象，认识有认识主体和认识对象。作为世界观的理论形态，哲学是以人与世界关系为中心展开的理论形态，把思维和存在的关系问题作为哲学基本问题，正是对人的活动中普遍存在、不断重复出现的人与世界关系本质的哲学提炼。这是其一。

其二，思维和存在的关系问题之所以构成哲学的基本问题，决定于它在全部哲学中的不可超越性。思维和存在的关系问题不是哲学的唯一问题，但哲学体系的性质以及如何解答、论述具体问题，却决定于如何解答思维和存在的关系问题。这表明，思维和存在的关系问题在哲学中具有不可超越性，这种不可超越性表现为唯物主义和唯心主义两大派别的不可超越性。在哲学史上，有些哲学家企图超越唯物主义和唯心主义的对立，但没有一个是成功的。在当代，以"拒斥形而上学"为名，企图摒弃哲学基本问题的哲学流派并不少见，但事实上仍然是以"拒斥形而上学"的方式来表现自己的世界观，表明自己对思维和存在关系问题的看法。只要是哲学，以哲学的方式思考，那么，都要面对思维和存在的关系问题，都会以不同方式，直接地或间接地、鲜明地或隐蔽地表明自己在哲学基本问题上所奉行的路线。

思维和存在的关系作为哲学基本问题具有普遍性，但不同时代、不同民族用以表现哲学基本问题的方式和范畴并不完全相同。例如，中国传统哲学是以天人关系、名实关系、理气关系、形神关系、知行关系、心物关系来表述和解答哲学基本问题的。中国传统哲学中围绕理气、形神、知行、名实、心物的争论，往往存在着唯物主义和唯心主义的斗争。

（二）哲学基本问题与哲学基本派别

唯物主义与唯心主义是哲学中的两个基本派别。无论古今，划分唯物主义与唯心主义的唯一标准，就是它们对哲学基本问题第一方面的不同回答。正如恩格斯所说："哲学家依照他们如何回答这个问题而分成了两大阵营。凡是断定精神对自然界来说是本原的，从而归根到底承认某种创世说的人……组成唯心主义阵营。凡是认为自然界是本原的，则属于唯物主义的各种学派。"这一划分标准的确立，使我们能透过派别林立、各种体系相互交替的现象，把握住哲学发展的规律。

作为哲学的两个基本派别，唯物主义与唯心主义只能在哲学意义上，即在回答思维与存在、精神与物质何者是第一性的意义上使用。除此之外，唯心主义与唯物主义这两个用语没有别的意思。

说唯物主义是重物轻人的物本主义，这是曲解。唯物主义哲学中所说的"唯物"，是就其在解决思维与存在、精神与物质何者为第一性时所奉行的哲学路线说的，是指它主张物质第一性、意识第二性。就如何看待人在世界中的地位而言，唯物主义者中不乏非常重视人的价值和尊严的人。在文艺复兴和法国资产阶级革命时期，自然观上的唯物主义者往往又是人道主义者，就是很好的例证。

说唯心主义是轻物重人、追求道德和信仰的理想主义，这同样是曲解。唯心主义哲学中所说的"唯心"，同样是就其在解决思维与存在、精神与物质何者为第一性时所奉行的路线说的，是指它主张意识第一性、物质第二性。唯心主义的本质并不是因为有理想、有信仰，而是因为它否定世界的物质性，以各种方式宣扬意识第一性、物质第二性。就信仰和理想而言，唯心主义者中固然不乏为理想而献身的人，唯物主义者同样如此。"如果说有谁为了'对真理和正义的热诚'（就这句话的正面意思说）而献出了整个生命，那么，例如法国哲学家德尼·狄德罗就是这样的人。"中国共产党人是彻底的唯物主义者，在中国革命过程中多少先烈为了共产主义的理想和信仰慷慨就义。可见，是否抱有理想和信仰，同唯物主义与唯心主义的区分并不相干。

第二节 资本主义的本质规律及发展趋势

一、商品经济一般规律以及商品价值

(一) 商品经济的形成基础

人们的生产生活创造了商品经济，它和传统的自然经济不同。自然经济只能做到满足人们的基本生活需求，是有限的，而商品经济是由人们的生产力所决定的，是没有上限的。随着人类社会的发展，人们的需求越来越大，自然经济已经无法满足人类的需求，在这种大背景之下，人们开始把精力转向工业和农业，产出的商品创造了条件，使商品经济带动了资本主义的形成。

商品的消费和生产方式是商品的主要因素，商品是人类社会生产力到达一定水平的产物，在社会中商品的地位十分重要，同时，商品的产出过程体现了商品的自有价值，这二者都是商品的重要组成部分，因此，二者缺一不可，相辅相成，都是人们应该追求的重要事项。狭义上而言，商品是劳动方式的最终结果。而广义上而言，商品就是人们的劳动的外在表现形式。商品在社会经济中的价值也就是商品的价值。

一件商品最重要的就是它的价值，没有价值的商品是不会生产出来的，衡量商品价值的标准有很多，在社会的基本要求中，商品的价值必须与制造它的人的需求相适应才是一件好的商品。商品的价值比制造者的需求高出来的部分越多，商品的价值也就越大。反之，商品的价值就越低。

作为一般等价物，货币是一种特殊的商品，是作为商品交换的标准存在的，是维护商品交换的公平性的重要媒介。商品的价值被货币量化，在某种意义上来讲，货币就是一种最简单的价值判断标准，是价值显性的一般形式。货币的出现从交换上解决了商品交换过程中的阶段，但依旧无法从根本上解决社会分工的问题。

(二) 商品价值的体现自有其意义

价格往往和商品的质量成正比，商品的好坏和人们的需求决定了价格，提高商品的价值就是商品交换的原则，而决定价值最基本的条件就是创造商品所用的劳动时间，也就是说，商品的本质价值就是创造时间和需求，这才是等价交换的基础。

商品的价值自有其规律，这种规律是遵循市场发展规律的价值，在劳动力和生产分配中，由于资源的分配问题而产生了一些矛盾，生产力和社会收入可以说是矛盾的主体部分，商品的价值在这种情况下起到了至关重要的作用，对资源的浪费和环境的污染也是一个问题。

（三）商品经济基础的主要矛盾——私有制

私有制经济随着社会生产力的提高和商品经济的发展而逐渐成形，在生产过程中，生产资料是生产者个人所拥有的，生产者为了自己的利益而工作，而社会分工中最重要的就是分工合作，通过集体劳作来产生社会价值。这就产生了一个巨大的矛盾，两者从本质上不共存。

商品经济的后期，商品和资源的私有化使少部分人侵占了大部分的资源，贫富差异明显，生产者压迫底层人民，这种矛盾导致了阶级之间的对立，也就真正意义上阻碍了社会的发展历程。

私有制商品经济条件下私人劳动和社会劳动之间的矛盾，通过商品的运动、价值的运动、货币的运动等决定商品生产者的命运，这使商品生产者认为商品、价值乃至货币似乎是物的自然属性，而这种所谓的自然属性又似乎具有超自然的神秘性，于是人们之间一定的社会关系被物与物的关系所掩盖，人们一定的社会关系在人们面前采取了物与物的超自然的虚幻形式，马克思称为商品拜物教。

（四）有关马克思劳动价值理论体系的认识

有关政治学的核心与基础则是马克思的劳动价值理论，这种价值理论揭示了资本主义的经济关系，也探索出资本主义运行的发展规律。随着历史的推进以及经济的进步和政治文明的改革等，马克思在劳动价值理论方面所涉及的层次越来越深。对于马克思劳动价值理论进行仔细的研究和学习，便可发现其对于传统和当代的社会形式都有着重要的影响意义。马克思主义的劳动价值学说对于商品关系的分析有进一步了解。

商品经济的矛盾以及基本规律都是形成劳动价值论的基础知识，也为剩余价值论奠定了基础，揭示了商品经济的基本规律，从而对于社会主义市场经济的发展方向有了更加重要的意义。对于马克思劳动价值论的认识，是在 21 世纪社会经济条件发生巨大变化时所衍生出来的。马克思的劳动和劳动价值理论是剩余价值理论的基础，也是揭露和批判资本主义制度的理论学说。

二、探索资本主义经济制度的存在意义

资本主义经济制度是在雇佣劳动和资本主义私有制的基础上而产生的一种压迫制度。主要涉及资本主义所有制是生产资料归资本家所有的一种私有制形式，生产剩余价值是资本主义生产方式的绝对规律，资本主义所带来的基本矛盾是在生产社会化和生产资料之间产生的。资本主义发展到特定的阶段，就会产生一定的经济危机，这是由于生产过剩而导致的。

（一）资本主义经济制度的产生

第一，资本主义生产关系的产生。"资本主义社会的经济结构是从古代社会的经济结构中产生的，后者的解体使前者的要素得到解放。"生产力和生产关系的矛盾引起古代社会农村自然经济和城市行会组织的解体，导致城乡资本主义生产关系的产生。资本主义萌芽于 14 世纪末 15 世纪初地中海沿岸的一些城市，其产生途径有两个：一是从小商品经济分化出来，二是从商人和高利贷者转化而来。

第二，资本原始积累与资本主义生产关系的发展。15 世纪末，美洲和通往印度航道的新发现，世界市场的迅速扩大，要求商品生产以更大的规模和更快的速度发展，催生了资本主义社会化大生产。新兴资产阶级通过资本的原始积累，以暴力手段为资本主义迅速发展创造条件。资本原始积累就是生产者与生产资料相分离、资本迅速集中于少数人手中，资本主义得以迅速发展的历史过程。在西欧，资本原始积累始于 15 世纪后 30 年，经过 16 世纪的高潮，延续到 19 世纪初。资本原始积累主要通过两个途径进行：一是以暴力手段掠夺农民的土地，这是资本原始积累过程的基础，它在英国表现得最为典型；二是以暴力手段掠夺货币财富，利用国家政权的力量进行残酷的殖民掠夺，这是资本原始积累的又一个重要方式。

第三，有关资本主义生产方式的确立则是在发展资本主义生产过程中形成的，由于资本主义的生产资料和生产方式都采用较为复杂的过程，所以对于生产力和生产关系的矛盾则提出了新的要求，有关上层建筑的新任务也是在此基础上提出的，资本主义一般存在于政治或者阶级政权地主之间。从 17 世纪到 18 世纪左右，资产阶级统治基本正式确立。从 18 世纪 60 年代起，英、法等国先后发生工业革命，在资本主义生产方式的促进作用下，社会生产力开始得到空前的进步，而资产阶级政权的统治与建立，也将资本主义生产方式推行到一定的高度，这代表了资本主义另一个新的层面产生。

（二）劳动力成为商品和货币转化为资本

资本主义经济制度的定义是由资本主义私有制和雇佣劳动组合而成的，马克思在劳动成为商品和转化形式之间进行了深刻的理论剖析，从而揭示了剩余价值的根本内涵。他认为资本主义的本质是一种崇拜物质的根本属性，这使劳动力变成了商品。只有将资本主义的理论彻底摒弃，才能真正实现人生价值，这也为科学的认知资本主义制度提供了有力的理论武器。

商品的基本条件就是劳动力，劳动力需要两个基本条件：第一，劳动者是自由的，可以随意支配自主的劳动力来获得劳动报酬；第二，劳动者只有自己的劳动力作为唯一筹码进行等价交换，还没有其他商品出卖，这是实现劳动力比较基础的物质条件。劳动力变为商品，使生产发展达到另一种阶段，而商品生产的新阶段在此时也起到了促进作用。资本家与工人的关系发生改变，变成了一种不平等的地位关系。

劳动力与货币可以相互转化，这也体现了资本主义的实质内涵。劳动力成为商品，同样具有等价的价值和使用价值，劳动力是作为特殊商品而存在的使用价值，使用范围与作用都有着独特性。由于生产过程中所需要的劳动力是维持生产的必要条件，所以劳动生产力的产品的使用价值的一个很大特点是，它在消费过程中能够创造出比劳动力本身的价值更加有价值的产品，所以当货币被人们消费之后，只是进行等价交换，从而获得与货币具有相同价值的商品。但是在这种消费过程中，可以利用货品的剩余价值进行增值，货币购买劳动力所带来的剩余价值，于是货币变成了交易的资本，而劳动力商品的使用价值则是劳动。这是一种将劳动变成具体实物的过程，也是价值的特殊属性，从而衍生出剩余价值，并使货币转化为资本。

（三）资本主义所有制

1. 资本主义所有制的含义

资本主义所有制的私有制形式是生产资料归资本家所有。由于资本家所拥有的生产资料积累过剩，所以在这种情况下就要求劳动者和生产资料相分离。而劳动者为了生存才不得不将劳动力与资本家进行等价交换，从而进行生产过程，资本家与工人的关系变成雇佣劳动关系。在这种关系中，资本家处于支配地位，而且拥有整个生产的生产过程，是一种不平等的相处状态，并凭借这种所有权和支配权实现对全部劳动产品的占有和支配。

2. 资本主义所有制的本质

与以往的剥削制度不同，在资本主义雇佣劳动制度里，生产资料和货币采取了资本的形式，生产资料所有者之所以能成为资本家，也是由于资本家和劳动者之间建立的一种雇佣关系。就像在古罗马使用奴隶进行雇佣一样，这种关系是无形的，但却是真实存在的。而雇佣家手里掌握着劳动者的生产资料和生产过程，也是一种让雇佣人从事劳动交换，榨取工人的剩余价值，资本与雇佣劳动的关系具有了剥削与被剥削的对抗性质。由此可见，雇佣劳动是促进资本主义建立的一种推动剂。而资本家与雇佣劳动者之间的不平等关系，则是资本主义真正实质上的一种体现。

（四）生产剩余价值是资本主义生产方式的绝对规律

资本主义是在劳动基础上所建立的生产过程。掌握的生产资料远远要超过雇佣劳动者，而这也是利用了劳动者的剩余价值，从来不为雇佣工人考虑，这些剩余价值通过建立生产过程从中获益，就产生了生产方式的绝对规律。

1. 剩余价值的生产过程

剩余价值是在资本主义的生产过程中生产出来的。资本主义生产过程具有两重性，它既是生产物质资料的劳动过程，也是生产剩余价值的生产过程，即价值增值过程。资本主义生产过程是劳动过程和价值增值过程的统一。"作为劳动过程和价值形成过程的统一，生产过程是商品生产过程；作为劳动过程和价值增值过程的统一，生产过程是资本主义生产过程，是商品生产的资本主义形式。"在价值增值过程中，雇佣工人的劳动分为两部分：一部分是必要劳动，用于再生产劳动力的价值；另一部分是剩余劳动，用于无偿地为资本家生产剩余价值。剩余价值是雇佣工人所创造的，并被资本家无偿占有的，超过劳动力价值以上的那部分价值。它是雇佣工人剩余劳动的凝结，体现了资本家与雇佣工人之间剥削与被剥削的关系。

2. 在剩余价值生产过程中资本的内部结构

资本主义主要是利用压榨雇佣劳动者的剩余价值来从中获益。而在资本主义生产过程中，生产的资料和劳动力主要有两种组织结构。他们各自的资本不同部分，在整个剩余价值的生产过程中也起到不同的作用。而且依旧用生产资料形态在生产过程中将自己的物质形态改变，但是却不改变自身的价值，这被马克思认为是不变资本。在劳动力生产过程中，通过劳动力而产生新的商品，这新的商品中又含有劳动的价值，这就进行了增值。所以是将劳动力的剩余价值转移到新产品中，从而使商品增值，马克思称为可变资本，从这两种形态进行对比可以得出。剩余价值并不全是由资本主义所压榨而来，也并不是由不变的资本来创造出，主要的根源还是雇佣者的劳动力，其劳动力的多少，决定了加入新商品价值的多少。而雇佣劳动者的剩余价值也是剩余价值的根源。从这两种资本的部分所发挥的作用中，可以明确地感受到资本家对于雇佣者的压迫是何其残酷。

3. 产生剩余价值的两种方法

由于资本家无终止地对雇佣劳动者进行劳动力的剥削，他们所耍的花招也各式各样。其中有两种最为基本的手段，一种是将剩余价值和剩余价值的生产形成对比，使他们在付出劳动时间不变的情况下，延长工作日的长度，增加劳动强度，从而达到压榨劳动者剩余劳动价值的目的，这种方法也被称为绝对剩余价值生产方法。另一种是剩余价值在工作日长度不变，却通过缩短劳动时间而延长剩余劳动时间的剩余价值，这种方法被称为相对剩余价值生产方法。资本家通过这两种手段对雇佣劳动者进行无形的压迫，逼迫他们处于非常不利的地位。

4. 资本主义的财富积累

资本主义是通过压迫劳动者的剩余价值而产生的资本积累。换句话说，也就是将剩余价值转化为资本，或者是资本价值积累剩余价值，资本家将剩余价值全部用于个人消费上，那么生产者就不得不进行重复的生产过程，这种行为被称为资本主义简单再生产。资本主义简单再生产不仅体现在生产商品上，还有生产价值以及生产和再生产资本关系本身。这是物质资料再生产和资本主义生产关系产生的统一关系。由于资本主义再生产的扩大生产使剩余价值转化为资本主义积累，而且在无休止地进行，这就使资本主义积累在一定时期内迅速膨胀，占据了经济的主体，这也导致雇佣劳动者的地位日益低下，从而加剧了社会的两极分化。富有的人都站在资本主义的角度去压榨劳动工人，而劳动工人只能利用剩余的劳动价值，物质生活就是他们追求的一种生存手段。资本家就利用他们这种生存的必须要求，来榨取他们的剩余劳动价值，达到积累财富的目的。

5. 资本的循环周转与再生产

资本作为一种自行增值的价值，不仅在生产过程内运动，而且也在流通过程中运动。就个别资本的运动而言，资本循环是资本从一种形式出发，经过一系列形式的变化，又回到原来出发点的运动。产业资本在循环过程中要经历三个不同阶段，执行三种不同的职能：一是购买阶段，即购买生产资料和劳动力的阶段，执行的是货币资本的职能；二是生产阶段，即生产资料与劳动力相结合从事资本主义生产的阶段，执行的是生产资本的职能；三是售卖阶段，即商品资本向货币资本的转化阶段，执行的是商品资本的职能。产业资本的运动必须具备的基本前提条件是，它的三种职能形式必须在空间上并存、在时间上继起，只有这样，才能保证资本无休止的价值增值运动。而这个条件在资本主义制度下并不总是能够具备，这使资本连续和高速运动的条件经常遭到破坏。

就社会总资本的再生产和流通规律而言，社会再生产的核心问题是社会总产品的实现问题，即社会总产品的价值补偿和实物补偿问题。社会总产品在物质形态上，根据其最终用途可区分为用于生产性消费的生产资料和用于生活消费的消费资料。与此相应，社会生产可划分为两大类：第一类由生产生产资料的部门构成，其产品进入生产领域；第二类由生产消费资料的部门构成，其产品进入生活消费领域。社会再生产的顺利进行，要求生产中所耗费的资本在价值上得到补偿，要求实际生产过程中所耗费的生产资料和消费资料在实物上得到替换。这在客观上要求两大类内部各个产业部门之间和两大类之间保持一定的比例关系。由资本主义生产资料私有制和雇佣劳动制度所决定，资本主义两大类的生产都是在价值规律和剩余价值规律的作用下自发进行的，具有严重的盲目性，这就导致了两大类生产在规模上和结构上经常处于失衡状态。这种失衡和脱节经常表现为生产过剩，以至于社会总产品的实现即实物替换和价值补偿难以顺利进行，最严重的就是引发经济危机。

6. 剩余价值与工资的分配问题

在资本主义生产的过程中，雇佣劳动工人通过付出自己的劳动来获得等价的报酬交换，但是这一等价却并不是真正意义上的平等交换，只是限定了工人付出劳动，从而获得工钱。但是这种劳动只是定义为单纯地付出劳动力，并未特定指出是规定的劳动量或包含剩余价值。而这种关系也将工人劳动力的付出与工钱之间的界限变得更加不明确，所以资本家才可以对雇佣工人进行剥削和压迫。这种剩余价值与工资分配不均匀的体现，正是将资本主义的本质暴露出来，资本家并不是将剩余价值当作是可变资本，而是当作全部资本的产物，从而剩余价值便产生了利润。当剩余价值变成利润的时候，二者之间的关系就变得更加模糊，而雇佣劳动者才会一味地被欺压压榨。

不仅如此，资本家在生产的不同部门也有很激烈的竞争，必然导致利润率平均化，形成社会的平均利润率。利润转化为平均利润，这是一种剩余价值规律和竞争作用相互影响的必然趋势。在社会上资本家对雇佣劳动者所生产出来的产品进行销售，在这个过程中很多人都要受益。在出售方要有出售方的劳动报酬，在转手方要有转手方的劳动报酬，各个环节都需要有一定的财富支出，而这也使资本家不得不进一步加大对雇佣劳动者的剩余价值压榨，因为这些资本家都对这种剩余价值有着平均利益的分享，有着共同的利益目的。

7. 马克思剩余价值生产理论的重要现实意义

剩余价值理论是马克思主义中最为经典也最为基础的理论。不仅与时代相对应，也体现出资本家和劳动者之间的一种剥削压榨关系，在理论和现实方面都体现出不同时代的新内涵，其一，便是这种剩余价值理论揭露了资本家对于劳动雇佣者的剥削关系，暴露了资本主义剥削的真实存在和工人阶级在这种压迫下的贫困生活，从而使资本主义生产方式的陋习暴露出来。而这种价值理论也是批判资本主义的剥削行为。其二，剩余价值理论在整个社会的市场上也存在着一些积极作用。社会主义市场经济将生产力和生产劳动者结为一体，保护劳动人民为了主观的经济利益更加正确地认识市场，努力为市场主义经济的稳定运行发挥着推进作用。

（五）资本主义基本矛盾与经济危机

1. 资本主义中存在的基本矛盾

资本主义的基本矛盾体现在其社会化生产方式与私人占有生产资料之间的矛盾。这种矛盾体现在资本主义中的生产力与生产关系之间。

2. 资本主义基本矛盾所引发的经济危机

由于资本主义的基本矛盾所致，资本主义在不断发展扩张的过程中必然会出现生产过剩的现象，这也是经济危机出现的原因，同时生产过剩导致社会生产的商品超过了人民的实际需求量，这不仅造成了社会的负担，同时加重了资源的浪费。

三、资本主义的历史地位与发展趋势

（一）资本主义的历史地位及其局限性

资本主义相较于其他原始的社会制度，其在社会经济发展中创造了历史性的进步与发展，这一点无疑是其历史进步性的价值体现。这种价值意义体现在生产力较之从前有了飞跃的进步，资本主义经济的发展促进了科学的进步，同时带动了劳动生产中的生产力。社会生产力的提升有助于促进社会剩余生产价值的提升以及经济竞争力的提高。受资产阶级本质的影响，一些自给自足的小生产的生产方式被资本主义先进生产力所取代，从而带动了社会的进步与发展。

虽然资本主义在其发展中促进了社会的发展以及社会经济的繁荣昌盛，但是不得不提的是，其资产阶级本质以及所带来特有的资本主义局限性。由于资本主义基本阶级矛盾的影响，在其发展过程中阻碍了正常的社会生产力的发展，这种发展的不均衡带来了贫富差距增大，这也是经济危机爆发的根源，同时受控于资产阶级专制统治，这种基本的社会矛盾与阶级矛盾正在不断深化。

（二）资本主义的发展趋势

资本主义的内在矛盾决定了资本主义必然被社会主义所取代。每一个社会生产方式被取代都是阶级矛盾不断深化而造成的，同样，社会生产力发展的过程中，真实的生产力水平不能满足人民的日常需求，必然会导致生产方式的变革，这是从历史不断发展中总结出的基本经验。

资本主义灭亡的趋势是必然的，虽然在其发展过程中也存在一些新的变化，但是这不足以改变资产阶级的剥削本质。资产阶级在发展过程中确实有了一些改变，但是我们看到其生产资料垄断现状以及生产资料私有制、劳资关系以及分配关系等依然顺应着资产阶级的本质特点，这些资产阶级本质的体现无疑是阶级矛盾存在的根源与导火索，对于马克思提出的资本主义基本论断依然符合现在的资本主义发展现状。

资本主义会随着社会的发展和进步慢慢地被取代，这里具有一定的历史性与必然性，随着资本主义阶级矛盾的不断加深，社会主义的价值优越感与社会进步性将会越来越凸显，伴随着社会主义制度的发展以及资本主义制度的不断衰落，我们应该相信在社会的发展过程中，资本主义一定会被社会主义制度所替代。

第三节　科学社会主义的发展

一、科学社会主义在马克思主义理论体系中的重要地位

在马克思主义理论体系中，科学社会主义的地位不是一般的重要，而是特别重要，居于核心的地位。对于科学社会主义在马克思主义理论体系中的重要地位，可以从以下四个方面去把握：

（一）科学社会主义是马克思主义哲学和政治经济学研究的目的与归宿，是整个马克思主义理论体系的核心和落脚点

就普遍性来说，哲学研究的最终目的和根本意义，在于为社会确立秩序、为国家管理提供指导，为个人安排生活提供依据。经济学研究的最终目的和根本意义，在于指导国家经济建设、指导经济实体的运营活动、指导个人的经济活动和相关的社会生活。马克思主义哲学和政治经济学的研究当然也不例外。

马克思主义哲学,又叫辩证唯物主义和历史唯物主义。辩证唯物主义主要研究并揭示世界的本质、世界的状况、人与世界的关系,探讨了世界发展的一般规律。历史唯物主义主要研究并揭示物质世界的一个重要组成部分——人类社会的本质、结构、人类社会发展的动力及发展的一般规律;政治经济学主要研究并揭示人类社会的生产关系及其发展的规律,特别是资本主义发展的特殊规律。马克思主义研究这些问题的目的究竟是什么呢?

关于哲学研究,马克思在《关于费尔巴哈的提纲》这一被誉为"历史唯物主义的起源""包含着新世界观的天才萌芽的第一个文件"的作品中,提出了一个著名的观点:"哲学家们只是用不同的方式解释世界,而问题在于改变世界。"这句后来被铭刻在伦敦海哥特公墓马克思墓碑上的名言表明,在马克思那里,与哲学研究、哲学理论比较起来,"改变世界"的理论与实践更为重要。进行哲学理论探讨,目的是为"改变世界"创造世界观和方法论的理论前提。而在马克思主义基本原理中,直接指导"改变世界"实践的部分,就是科学社会主义。

马克思大学期间学习的专业是法学,之后又致力于研究历史学和哲学。到 19 世纪 40 年代初期,开始致力于政治经济学研究。这是有其深刻原因的。马克思致力于政治经济学研究的深刻原因有三点:

第一,对现实社会研究和理解的需要,是推动马克思致力于政治经济学研究首要的原因。19 世纪 40 年代初期,马克思在担任《莱茵报》主编的时候,第一次遇到了要对物质利益发表意见的难事。当时,莱茵省议会根据资产阶级和贵族议员们的要求,通过了所谓的"林木盗窃法"。这项法律把穷苦老百姓自古以来就有的拾取枯树枝的习惯权利,说成是盗窃行为,要予以严惩。在这不久,马克思又遇到摩塞尔河流域酿造葡萄酒的农民因贫困而破产的经济问题。这些问题在当时对政治经济学还一无所知的马克思来说非常苦恼,他逐步认识到,要对现存的社会经济关系做出深入的剖析、要有效维护和增进劳苦大众的利益,还必须研究政治经济学。

第二,在与奥格斯堡保守派报纸《总汇报》关于共产主义的争论中,马克思深感有必要从政治经济学角度,对共产主义思潮的产生及其性质做出探讨。19 世纪 40 年代初,马克思在对西欧工人运动实际状况的考察中,已经看到当时流行的所谓"社会主义"和"共产主义"理论不具有"现实性"。他反对空想社会主义者的种种所谓"实际经验",主张对共产主义进行"理论论证";他反对对当时流行的共产主义的理论著作"妄加评判",反对那些根据肤浅的、片面的想象而做出的批判,主张在不断的、深入的研究基础上做出科学的批判。对科学理论的追求,促使马克思致力于政治经济学理论研究。

第三,马克思思想的内在发展,要求他深入政治经济学研究领域中去。在 19 世纪 40

年代初期对历史的研究中，马克思搞清了国家和市民社会的关系。在《黑格尔法哲学批判》和《〈黑格尔法哲学批判〉导言》中，马克思已经认识道："法的关系正像国家的形式一样，既不能从它们本身来理解，也不能从所谓人类精神的一般发展来理解，相反，它们根源于物质的生活关系，这种物质的生活关系的总和，黑格尔按照 18 世纪的英国人和法国人的先例，概括为，市民社会和对市民社会的解剖应该到政治经济学中去寻求。"对政治经济学的研究是理解"市民社会"，进而理解包括国家和法的关系在内的整个资本主义社会关系的出发点。也就是说，国家和法属于上层建筑，上层建筑是由经济基础所决定的，而经济基础又是占统治地位的生产关系，所以，要深入研究上层建筑和经济基础，就必须研究生产关系，而且马克思主义认为，物质资料的生产方式是社会发展的决定性因素、生产力是社会发展的最终决定性力量，而生产关系是生产方式的形式，对于生产力具有重要反作用，所以从生产方式和生产力的角度，马克思也必然要重视生产关系，而政治经济学正是专门以生产关系为研究对象的科学，这必然会引起马克思的高度重视。正是由于上述原因，从 19 世纪 40 年代初期开始，马克思走上了政治经济学科学探索的崎岖道路。

可见，作为马克思主义的创始人，马克思研究经济学和哲学的目的，归根到底还是为了更好地探讨社会主义产生与发展的规律，为了改变旧世界、建立和建设新世界，也就是说，归根到底是为了科学社会主义的问题。因此，科学社会主义不但是马克思主义理论的三大主要组成部分之一，而且是马克思主义理论体系的核心和落脚点，因而在马克思主义基本原理中具有特殊意义和重要地位。

（二）科学社会主义从某种意义上讲就是马克思主义的代名词

马克思恩格斯创立的马克思主义，就其实质来说是一种大社会主义学，即变革社会的社会主义理论和思潮，这种社会主义理论和思潮与空想社会主义和其他社会主义理论和思潮的显著区别，在于它以社会主义为核心，把社会主义同哲学、政治经济学紧密地结合为一体。因而它能以科学的世界观为指导，以对资本主义社会的经济分析为依据，从而引出有关资本主义社会的变革和人类走向社会主义的科学结论。马克思主义本身就是一种多学科的体系结构。在这个科学体系中，哲学、政治经济学是理论基础和出发点，其最终归宿和落脚点是社会主义。恩格斯指出："现代的唯物主义，它和过去相比，是以科学社会主义为其理论终结的。"这里说的"现代唯物主义"就是马克思主义哲学，和"过去相比"就是和旧哲学相比，其不同之处就在于它不是为学术而学术、为哲学而哲学，而是为科学社会主义作理论论证的。哲学是如此，政治经济学也是如此。这是恩格斯在《反杜林论》

一书中所着重阐述的观点。正因为科学社会主义是马克思主义理论体系的核心，所以马克思主义经典作家不止一次地把科学社会主义作为马克思主义的同义语。

科学社会主义有狭义和广义之分，就狭义而言，科学社会主义是马克思主义的三大组成部分之一，就广义而言，科学社会主义就是马克思主义。"科学社会主义就是马克思主义"这是马克思主义经典作家特别是列宁反复强调的观点，列宁多次指出"科学的社会主义即马克思主义""科学社会主义的学说，即马克思主义的学说""没有这些（指被删去的社会主义部分）马克思就不成其为马克思。"等。

国家社会科学基金课题，在马克思主义学科这一科目中，马克思主义几个字后面有一个括号或有一个居中的点——"科学社会主义"。在这里，马克思主义和科学社会主义就是作为同一个意思的词并列使用的。

许多词典包括《中国大百科全书》（政治学卷）解释马克思词条里面都是如此解释：马克思，科学社会主义的创始人。在《哲学辞典》《哲学知识全知道》中也只是说马克思主义的创始人，而不是说马克思主义哲学的创始人、马克思主义政治经济学的创始人，原因就在于科学社会主义是马克思主义的代名词。

马克思主义基本原理的三个组成部分中，唯独科学社会主义这一部分能够作为马克思主义的代名词，这也说明了科学社会主义在马克思主义理论体系中的重要地位。

（三）从马克思主义理论的产生和理论对实际的指导意义来看，科学社会主义是比马克思主义哲学和政治经济学更为重要的一个组成部分

马克思主义是一个博大精深、彻底严整的理论体系，它所包含的内容相当丰富，在马克思主义理论宝库中，不但有马克思主义哲学、马克思主义政治经济学、马克思主义社会主义学，而且还有马克思主义政治学、法学、伦理学、历史学、文化学、美学、军事学、教育学、人类学……但是作为马克思主义主体骨架的最主要的组成部分的，就是马克思主义哲学、马克思主义政治经济学和马克思主义社会主义学，因为这三者在马克思主义理论体系中的地位都非常重要，作用都十分重大。

马克思主义哲学是马克思主义全部学说的理论基础，是马克思主义的灵魂。要了解、学习、掌握马克思主义，就必须首先学习、了解、掌握马克思主义哲学。应当充分发挥马克思主义哲学对启迪智慧、锻炼思维、指导人生、指导科学研究及各种实际工作等的科学作用。马克思主义政治经济学是马克思主义的重要组成部分。列宁曾经把政治经济学称为"马克思主义的主要内容""马克思主义理论最深刻、最全面、最详尽的证明和运用。"政治经济学在马克思主义理论体系中的重要地位归根到底是由生产力在人类社会发展中的作

用决定的。生产力是人类社会发展的最终决定力量，而生产力在社会结构中与生产关系最为密切。为保护、解放和发展生产力，必须处理好生产关系与生产力的关系，因而以生产关系为主要研究对象的政治经济学，在马克思主义理论体系中必然具有重要地位。作为马克思主义创始人，马克思最重要的代表作是《资本论》，而《资本论》主要是部政治经济学著作。马克思主义社会主义学或者说科学社会主义则是以马克思主义哲学尤其是唯物史观为理论基础、以马克思主义政治经济学尤其是剩余价值论为科学依据，论述社会主义产生和发展规律的学说，社会主义产生和发展的规律，是科学社会主义的主要研究对象。科学社会主义与马克思主义其他两个主要组成部分间的关系极其密切，在马克思主义理论体系中的地位极其重要。

马克思主义三大组成部分各有其特定的研究对象，因而是相对独立的学科，同时它们之间又有着极其严密的内在联系，可用一个形象的比喻来说明：马克思主义哲学、马克思主义政治经济学、科学社会主义之间并不是"品"字形的单列并联关系，而是"王"字形的叠层串联关系。因为构成"品"字的三个"口"，虽然两个"口"在下，一个"口"在上，上面的这个"口"可以说以下面两个并排的"口"为基础，可是这三个口之间都有一定的间隔，彼此缺少内在的直接的联系；而构成"王"的三个"横"却有一条竖线即主线把三者联结在一起。那么这个把马克思主义的三个主要组成部分联结在一起的竖线或主线是什么呢？就是人的解放或者说人类的解放、实现每个人自由而全面的发展，建立自由人联合体，让普通劳动者也能过上宽裕的舒心的幸福生活是这个马克思主义的主题。如果说马克思、恩格斯研究这个主题的起点是马克思主义哲学、中介是马克思主义政治经济学的话，那么它的终结就是科学社会主义。马克思主义的其他组成部分，如政治学、文化学、历史学、法学、美学、军事学、教育学、人类学等，应该说最终也都是为了更充分、更完备地论证科学社会主义，都是从各个方面为建设新世界服务的。所以，从马克思主义理论的创立来看，可以说科学社会主义是比哲学和经济学更加重要的一个组成部分，是整个马克思主义的核心。从一定意义上说，科学社会主义就是马克思主义。

再从理论对实际的指导意义来看，可以说科学社会主义是比马克思主义哲学更直接、比马克思主义经济学更全面地指导社会主义事业的一个组成部分。因为用哲学原理具体分析社会实际情况的时候需要结合甚至通过科学社会主义原理，才能转化为具体的路线、方针、政策。经济学只研究经济，对经济建设有指导作用。而科学社会主义则能从总体上全面指导社会主义事业，社会主义事业包括社会主义革命、社会主义建设及社会主义改革；单就社会主义建设而言，除经济建设外还包括政治建设、文化建设、社会建设、生态文明建设、党的建设和对外关系。因此可以说，科学社会主义是指导党和国家实践活动的一门首要科学。

（四）科学社会主义是马克思主义者的代表人物探讨的主要内容

深入研究马克思、恩格斯、列宁、斯大林、毛泽东、邓小平、江泽民、胡锦涛、习近平的著作，就不难发现，在《马克思恩格斯全集》《列宁全集》《马克思恩格斯选集》《列宁选集》等里面，马克思主义基本原理的三个组成部分中，科学社会主义部分是马克思主义经典作家、政治领袖著作中所占篇数最多、篇幅也最大的一部分内容。科学社会主义是在马克思主义理论体系中具有十分重要的地位，在"马克思主义基本原理"体系中占有较大篇幅的一个十分重要的部分。

二、经济文化相对落后国家率先进入社会主义的历史必然性

社会主义革命是首先在俄国和欧亚拉美的一系列经济文化相对落后的国家取得胜利，这是历史发展的必然。

（一）列宁的相关论证

经济文化相对落后国家率先走上社会主义的发展道路有其历史的必然性和合理性，列宁晚年在《论我国革命》中十分深入而又非常形象地论证了这个问题。其基本思想是列宁注意到了马克思阐述的"两个必然"实现的历史条件和俄国社会落后的现实，创造性地揭示了人类社会发展的特殊规律及其与一般规律的关系，指出可以把社会发展阶段的前后顺序以及取得政权与发展生产力的顺序颠倒一下。也就是说，经济文化相对落后国家率先走上社会主义的发展道路是特殊历史条件的产物，是人类社会发展过程中特殊规律的体现，是历史发展总趋势在一定历史条件下的一种反映。由此决定经济文化落后国家建设社会主义的道路也必然是特殊的，其特殊性就在于正确认识被"颠倒"的两个社会发展阶段的关系，在无产阶级政权下补上在资本主义条件下实现的现代文明的课。

在19世纪中期，马克思恩格斯曾经根据当时的情况设想，社会主义革命将首先在几个先进的资本主义国家，大体上同时取得胜利，然后在这些国家的影响和帮助下，落后国家也相继走上社会主义道路。19世纪中期，恩格斯在《共产主义原理》中写道："共产主义革命将不是仅仅一个国家的革命，而是将在一切文明国家里，至少在英国、美国、法国、德国同时发生的革命。"在《共产党宣言》中，马克思恩格斯进一步强调："联合的行动，至少是各文明国家的联合的行动，是无产阶级获得解放的首要条件之一。"19世纪70年代初期，马克思在谈到巴黎公社的经验时，把没有"同时发生"作为革命失败的教

训加以总结。他说："巴黎公社之所以失败，就是因为在一切主要中心，如柏林、马德里以及其他地方，没有同时爆发同巴黎无产阶级斗争的高水平相适应的伟大的革命运动。"恩格斯直到晚年还在强调"无论是法国人、德国人或英国人，都不能单独赢得消灭资本主义的光荣"。

马克思恩格斯主张社会主义革命需要在主要文明国家同时发生，是从自由资本主义的发展状况以及他们所处的时代特点出发的。他们认为，单是资本主义大工业建立了世界市场这一点，就把全球各国人民，特别是主要资本主义国家的人民，彼此紧紧地联系起来，以致每一个国家的人民都受到另外一个国家的事变的影响。此外，大工业使所有文明国家的社会发展大致相同，以致在这些国家，资产阶级和无产阶级都成了社会上起决定作用的阶级，它们之间的斗争成了当时的主要斗争。而这时资本主义还处于上升时期，各国资产阶级间的矛盾尚未激化，能够结成反革命联盟来对付革命。加之欧洲各国疆域相连，交通方便，如果革命不能同时发生，必然在欧洲各国资产阶级的联合进攻下使分散的努力遭到共同的失败。因此，他们一贯强调共产主义革命是世界性的革命，"共产主义只有作为占统治地位的各民族'一下子'同时发生的行动，在经验上才是可能的"。

马克思恩格斯提出的上述理论在历史上被称为"共同胜利论"。"共同胜利论"并没有成为现实。

在19世纪中期，马克思恩格斯曾经根据当时的情况提出"共同胜利论"，但历史发展到19世纪末20世纪初，列宁却根据帝国主义时代情况的新变化，提出了"一国胜利论"并最终得到了实践的验证，表明了列宁思想解放，具有与时俱进的思想品格，坚持实事求是的马克思主义学风，以及具有坚定的社会主义和共产主义理想信念，具有能够抓住机遇推进社会主义事业的实干精神。同时也表明，马克思主义是个开放的思想体系，具有与时俱进的理论品质，是随着实践不断丰富、发展与完善的科学，是既有高远理想、又脚踏实地、面向现实的学说。

列宁的"一国胜利论"提出之后激烈论战的历程说明，在社会发展到新阶段，在新形势、新任务面前，人们之间有不同的认识、开展一些争论在所难免，马克思主义者要努力运用科学世界观和方法论也就是辩证唯物主义和历史唯物主义研究新情况，提出新观点，指导新实践，并做必要的行之有效的宣传和理论斗争，最终解决新任务。就我们前面引用的列宁的两段话本身而言，列宁的意思很明显，用现在的话来说就是，马克思主义的精髓是解放思想、实事求是，理论要服从实践的裁决，观念要随形势而变化；做决策必须考虑生活实践，必须从实际出发；从当时的实际出发，一国首先取得社会主义革命的胜利是完全可能的。当然，这种可能要变成现实，也需要一些特殊条件。

（二）经济文化落后的国家首先取得社会主义革命胜利的特殊条件

经济文化相对落后国家率先进入社会主义具有历史的必然性：特别是人类社会发展到资本主义时代有一个明显的变化，即资本主义的发展形成了世界体系，在各国之间建立了相互联系和相互依赖的关系。由于资本主义世界体系的形成和发展以及世界经济一体化趋势的增加，资本主义生产力和生产关系矛盾运动的规律，不仅在资本主义国家内部起作用，而且必然要超出国界在世界范围内起作用。这样不仅造成资本主义国家的资本家和工人之间的两极分化，而且在全世界也造成经济发达国家与经济落后国家之间的两极分化。

但是经济文化落后国家要取得社会主义革命的胜利，还必须具备两个特定的条件：一是资产阶级统治比较薄弱；二是无产阶级力量比较成熟。成熟的一个重要标志是有一个成熟的马克思主义政党和伟大的无产阶级领袖。如果只有第一个条件，而没有第二个条件，革命是不能取得成功的。比如非洲国家，资产阶级统治是比较薄弱，但是无产阶级的力量更为薄弱，所以社会主义革命不可能首先从非洲开始。相反，如果在一个国家里，无产阶级力量很强大，而资产阶级也不软弱，甚至很有政治斗争经验，如英国、法国、意大利等国家的资产阶级在历史上与封建势力曾进行过激烈的、长期的、反复的较量，与工人阶级斗争的次数也不少，经验很丰富，个个老奸巨猾、坚强有力，那么社会主义革命同样也难以在这里首先取得胜利。所以社会主义革命的突破口既不是发达国家，也不是所有落后国家，而只能是处于帝国主义链条上薄弱环节的国家。事实上，社会主义革命也正是从这里开始的。

（三）社会主义革命首先在经济文化落后国家取得胜利的思想，是符合历史唯物主义原理和历史事实的

历史唯物主义有一条重要的基本原理：生产关系一定要适合生产力状况。这可以说是历史唯物主义的最重要、最基本的原理，这一原理太重要了，所以，对这一原理更要全面地、正确地理解。

首先，任何真理都是绝对真理和相对真理的统一，都有一定的适用范围，都是有条件的。

其次，在马克思主义理论体系中有个最根本、最核心、位居最高端的观点，就是实践的观点：实践高于理论，实践是检验真理的唯一标准，实践的观点是马克思主义认识论乃至整个马克思主义的首要的基本观点，实践性是马克思主义最根本的特征。当时的俄国具备了开展社会主义革命的主观条件和客观条件，十月革命的发生所具有的特殊客观条件主

要表现在：其一，俄国资本主义一定程度的发展为十月革命造就了一定的经济条件。社会主义革命必须以一定的物质条件为前提，"如果社会主义在经济上尚未成熟，任何起义也创造不出社会主义来"。其二，俄国特殊的环境为十月革命造就了阶级条件。十月革命前俄国的无产阶级虽然只占人口的少数，但是它有非常突出的特点：分布比较集中，俄国的产业工人大都集中在工业较为发达的少数大城市；对革命的要求强烈，俄国无产阶级遭受封建地主、资产阶级和沙皇的多重压迫，使它对革命要求迫切；同农民有着特殊的联系，战争造成的痛苦又加强了工农的联系。尤其重要的是，俄国革命有一个坚强有力而且富有斗争经验的政党——布尔什维克党的正确领导。这些特点，正是当时俄国无产阶级优于西欧无产阶级的地方。持续三年的战争为十月革命造就了有利的国际环境。其三，挽救和保护民主革命成果的迫切要求。面对广大人民高涨的革命热情，俄国反动势力坐卧不安。在大资产阶级和大地主阶级的支持下，俄罗斯拉夫尔·科尔尼洛夫发动了反革命叛乱，目的是把俄国重新拖回专制主义统治的深渊，布尔什维克党在广大群众和士兵的支持下，粉碎了科尔尼洛夫的叛乱。这次叛乱再次深刻教育了人民，人民认识到如果不采取走向社会主义的步骤就不能前进，就不能保住民主革命的成果。在俄国民众革命热情高涨的情况下，以列宁为首的布尔什维克党不失时机地把握了特殊的革命形势，顺应历史发展的要求，将广大人民群众争取"和平、土地、面包"的斗争及时引向了社会主义革命。这生动地表明，历史的发展是决定性与选择性、客观规律性与自觉能动性的有机统一。

再次，许多规律的表现，单从一个点上看不出来，单从一小段上也看不出来，从整个过程或相当长的一段时间才能看得出来。例如，价值规律的核心内容是商品的价格，是由它的价值量所决定的，价格与价值相一致。但是它的表现形式却是价格围绕着价值上下波动。价格与价值不相一致那是经常的，绝对一致则是很少的，相一致是就整体而言的，或者相当长一段时间的平均数来说的。万有引力定律、重力定律也是如此。如果说是只看其中的几个点或某一小段，是看不出这一规律的。马克思主义的许多理论乃至整个马克思主义理论，都是宏大叙事、立意高远。如果站不到那么高的角度，或没有那么高的境界，很难真正读懂。生产关系一定要适合生产力状况的规律也正是这样。

最后，生产力对生产关系起决定作用，的确如此，但是不能机械地、僵化地看待这种决定作用，同时还应该看到历史发展的辩证法，还应该看到生产关系对生产力、上层建筑对经济基础的反作用，历史唯物主义还特别明确地指出：经济因素并不是唯一的决定因素，影响历史进程的因素还包括上层建筑，要反对"庸俗的""经济决定论"。恩格斯曾经强调："根据唯物史观，历史过程中的决定性因素归根到底是现实生活的生产和再生产。无论马克思或我都从来没有肯定过比这更多的东西。如果有人在这里加以歪曲，说经济因素是唯一决定性因素，那么他就是把这个命题变成毫无内容的、抽象的、荒诞无稽的空话。经济状况是基础，但是对历史斗争的进程发生影响并且在许多情况下主要是决定着这一斗争形式的，还有上层建筑的各种因素。"列宁在《论我国革命》中强调："马克思主义有决定意义的东西，即马克思主义的革命辩证法。"革命的发生和胜利，是经济、政治、军事、法律、思想、文化、传统乃至国际条件等多种因素综合起作用的结果，假如仅仅从生产力决定生产关系这一方面看问题，认为经济落后国家注定不能取得社会主义革命的首创权，那就是形而上学和机械唯物主义，那就是庸俗的经济决定论。标题中所言所符合的历史唯物主义原理，主要就是指马克思主义的革命辩证法原理、历史发展辩证法原理，以及要反对庸俗的经济决定论这一原理和这一具体要求。

列宁指出："世界历史发展的一般规律，不仅丝毫不排斥个别发展阶段在发展的形式或顺序上表现出特殊性，反而是以此为前提的。"从整个人类社会发展的历史进程来看，社会形态更替的根源在于社会基本矛盾的运动，生产关系的变革终究要符合生产力的发展要求。但是这种变革并不总是整齐划一的，特别是从社会历史发展的某个阶段来看，往往会呈现参差不齐、相互交错的现象。一种社会制度在某个国家里发展得越充分、越成熟、越完善、越典型，新社会制度在这里突破旧社会制度的外壳就越艰难，历史的变革也就越不容易在这里实现，特别是率先实现。古希腊和古罗马是奴隶制发展程度最高和最典型的国家。在政治上，已有各种不同的国家形式，已有君主制和共和制、贵族制和民主制的区别。在经济上，出现了农业和手工业的大规模分工，古希腊当时就已经能够建造可容纳数千名士兵的大型兵舰，罗马的城市建筑和圆形大剧场即便是现在的建筑师也惊叹不已。在文化上，其文学、艺术、哲学至今被人们所研究、所传颂、所崇奉。应当说，奴隶制的历史光彩正是从古希腊、古罗马那里充分放射出来的。

中国进入封建社会以后，很快地把封建制度推向了鼎盛时代，创造了汉唐盛世。中华民族在历史上创造的引以为自豪的辉煌灿烂的文明主要就是在封建社会。封建制度的历史光彩主要就是从中国等东方国家里放射出来的。但是，封建制度的发展不如中国的西欧国家却率先实现了从封建社会到资本主义社会的过渡，并取得了巨大的成就，资本主义的历史光彩最早也主要是从西欧和北美放射出来的。当西欧国家已经跨上火车和汽轮凯歌行进的时候，东方国家的封建制度还在那里苟延残喘并继续拖延了一个相当长的历史时期。中国直到 20 世纪初期才放弃了封建主义，俄国到"二月革命"才推翻了沙皇的专制统治。然而，正是这些国家最早进入了社会主义。

从上面我们回顾的历史进程中，我们可以发现这样两个规律性现象：一是新旧制度的更替往往是在旧制度比较弱的国家或地区迈出第一步。在旧制度比较完善、比较强盛的地方由于其外壳厚且硬，所以新制度的幼芽往往不容易从这里冒出。新旧制度的更替往往就是在旧制度比较弱的国家或地区迈出第一步，率先打破原来一球一制的局面，形成一球两制，然后由一国到数国，由点到面，最后又形成全球性的包围、胜利，又形成新的一球一制。二是就某个国家或地区来说，如果前一个制度很强，后一个就弱一些，前一个弱，后一个就较强。

第二章 马克思的本体论革命与新唯物主义世界观

第一节 本体论与本体论问题

虽然本体论这个名称出现得较晚，但关于其存在的思考却早已在古希腊决定性地出现了。这样的思考在亚里士多德那里被赋予一个较为确定的含义，即作为"第一哲学"的第一任务。亚里士多德认为，严格意义上的哲学是第一哲学，也即"形而上学"，而形而上学的首要任务就是"研究诸存在者（to 前）作为诸存在者，以及诸存在者由于其本性所应具有的禀赋"。在这个意义上，本体论所意谓者乃属于形而上学，或者大体上就相当于形而上学。后来，据说是德国化学家沃尔夫最初提出了"本体论"一词，用来表示形而上学的主要分支或基本部门。形而上学包括：①本体论，论述各种关于"有"的抽象的、完全普遍的哲学范畴；②宇宙论，关于世界的普遍学说；③理性灵魂学，即心灵学、灵魂哲学；④自然神学，对神的存在做出证明。"本体论"这一名称的最初出现是 17 世纪，它标志着传统的关于存在者的学说形成哲学的一个分支，成为哲学体系的一个组成部分。

然而更加重要的是，在西方哲学的主流传统中，本体论不只是形而上学的主要部门，而且其基本性质完全是由形而上学来规定的。形而上学，即柏拉图主义，在其源头上和本质中包含两个基本要义：第一，形而上者与形而下者的分离和对立，这意味着超感性世界与感性世界的分离和对立；第二，真理性与现实性归属于超感性世界，即形而上世界，而不属于感性世界或物理（形而下）世界。"自柏拉图以来，更确切地说，自晚期希腊对柏拉图哲学的解释以来，这一超感性领域就被当作真实的和真正现实的世界了。与之相区别，感性世界只不过是尘世的、易变的、因而是完全表面的、非现实的世界……如果我们把感性世界称为宽泛意义上的物理世界（康德还是这样做的），那么，超感性世界就是形而上学的世界了。"自柏拉图迄于黑格尔的整个西方哲学（特别是作为其核心的本体论），始终是由形而上学来定向的，或者毋宁说，它就是形而上学。所以怀特海称两千多年的西方哲学史无非是柏拉图的注脚，而海德格尔的说法是："纵观整个哲学史，柏拉图的思想以有所变化的形态始终起着决定性的作用。形而上学就是柏拉图主义。"在这个意义上，德国哲学家马丁·海德格尔大体就把哲学等同于形而上学——它是唯一属于西方世界的。

如果说，哲学——形而上学是以存在问题（即后来所谓本体论问题）肇其始端并构成其基础领域，那么，本体论问题的形而上学处置方案就以其居于核心地位的主导性质支配着整个西方哲学。柏拉图和亚里士多德殚精竭虑，对"存在"做出了最初阐释，这样的阐释就是形而上学的奠基，它持续地以"各式各样的偏离和润色一直保持到黑格尔的逻辑学之中"。如此说来，较为后起的"本体论"所关注的问题（即存在问题）已经先行在形而上学中作为定向和本质起作用了。在这个意义上，本体论初始并且在根本上就是形而上学。所以海德格尔把形而上学规定为"关于存在者之为存在者和存在者整体的问题"。很明显，这与本体论的定义完全一致。因此，从整个形而上学的历史来理解本体论和本体论问题，则本体论一向就是形而上学，并且一向处身于形而上学关于存在问题的阐释定向中。"存在者整体的整体性乃是存在者的统一性，后者作为产生者的根据而统一起来。对每个识字者来说，这都意味着形而上学是存在神逻辑学。"这意味着，在形而上学的范围内，本体论如果论及存在者整体的整体性，那么存在者的统一性就是由产生着的"根据"建立起来的，而这样的根据已经先行立足于形而上学的"存在——神——逻辑学"机制中了。换句话说，在这样的范围内，如果说本体论的领域关乎存在者之为存在者，那么这一领域已经全体沉浸在如此这般的形而上学机制中了。这一点在黑格尔哲学——作为完成了的现代形而上学或一般形而上学中得到最充分的体现。如果说，"人体解剖对于猴体解剖是一把钥匙"，那么，黑格尔的哲学就为形而上学之初始的和一般的性质与机制（所谓柏拉图主义）提供了理解的钥匙。

在黑格尔的《逻辑学》（作为思辨哲学之纯粹的展开领域）中，最为清晰地显现出一般形而上学的"存在——神——逻辑学"机制。黑格尔的"逻辑学"首先就是本体论，它以"存在"（纯存在）为出发点，并且全体就是普遍存在者之展开自身。就此而言，"黑格尔与传统相一致，在存在者之为存在者和存在者整体中，在存在从其空虚向其展开的充实的运动中，找到了思想的事情"。然而，这一本体论同时就是辩神论（对神的存在的证明），即思辨神学。这一点已由德国哲学家路德维希·安德列斯·费尔巴哈非常清晰地指证出来：纯存在这个出发点，先行就已经预设或假定了绝对者。换句话说，这样的存在一开始就已经是神，就像神无非就是充分展开了的纯存在一样。于是，黑格尔的哲学就表现为"存在神学"。然而，不仅如此，这样的存在神学同时还是逻辑学。如果说"纯存在"在展开过程中达于绝对者（神），也就是绝对者本身的自我活动，那么，这样的展开过程或自我活动，就是思辨的逻辑本身，就是作为绝对者自我论证的逻辑学。"如果形而上学思考存在者之为存在者整体，也即着眼于最高的、论证一切的存在者来思考存在者，那么它就是作为神之逻辑学的逻辑学。"由此可见，在黑格尔哲学中，本体论——关于存在的学说——同时既是神学（思辨神学），又是逻辑学（思辨逻辑）。由此而揭示出一般形而上学范围内的本体论的基本性质和机制，因为在这里黑格尔哲学是被当作完成了的形而上学来把握的。这意味着它不是形而上学的一种，而是形而上学的一切。

然而，在黑格尔哲学之后，却出现了对一般哲学——形而上学的反动。这样的反动不是要求批判地脱离某种形而上学，而是要求脱离整个哲学形而上学，换句话说，要求批判地脱离柏拉图主义本身。费尔巴哈站在这一反动的开端。在对神学开展尖锐的人本学批判之际，费尔巴哈把矛头指向思辨神学；而在对黑格尔哲学——思辨神学进行猛烈抨击之际，他又把战火扩展到整个哲学——形而上学。费尔巴哈在对黑格尔哲学之出发点（存在）的批判性考察中，鉴别出其本体论上之根本的神学性质；并且指认这一出发点乃是一般哲学的出发点，从而揭示出整个哲学形而上学本身所固有的神学性质。在费尔巴哈之后，除了马克思以外，对整个哲学——形而上学进行重要批判的，还有许多思想家。就像丹麦宗教哲学索伦·克尔凯郭尔牢牢地抓住黑格尔的"存在"概念一样，施蒂纳特别地针对着费尔巴哈的"人"的概念，开展出一般形而上学的激进批判。

尼采对于一般哲学——形而上学的反动（作为"单纯的颠倒"）最终仍然没有自绝于形而上学的本质，并且不得不绝望地再度陷入这种本质之中，虽然费尔巴哈、施蒂纳（正如马克思所指证的那样）以及克尔凯郭尔等人的哲学命运也大抵如此，但这一转折进程本身深刻地意味着：两千多年来作为柏拉图主义的哲学——形而上学已经严重地成为问题了，思想的事情开始要求批判地脱离哲学的形而上学本质了。而这一本质是：感性世界与超感性世界的分离与对立；真理性仅仅归属于超感性世界；感性事物的实在性仅仅在于它"分有"了超感性世界的真理性（神性）。

在这样一种批判性的转折中，本体论的命运又如何呢？它能够在"超感性领域的本质性崩塌"中幸免吗？就哲学史上的通例而言，"本体论"不仅是作为形而上学的主要的和基本的部门，而且一开始就是为关于"存在"的形而上学本质和机制所贯彻、所支配的，因此"本体论"必然是与之同一命运的。然而，就另一方面——事实上也是更加重要的方面而言，由于本体论乃是关于存在的领域，由于本体论问题事关存在与非存在、存在者的存在以及存在者整体等，所以在形而上学本身遭遇质疑和反叛之际，本体论恰恰成为最为深刻和最为根本的焦点领域。按照海德格尔的说法，由于形而上学过早地（事实上是先行地）霸占了关于存在之思想的本质和定向，由于自柏拉图和亚里士多德以来逐渐形成的教条实际上耽搁了对存在之意义的追问，所以整个哲学——形而上学的历史可以一言以蔽之，"遗忘存在"——它从存在者思到存在者，却只是在过道里匆匆看了"存在"一眼。因此，如果说随着形而上学大厦本身基础的极大动摇，辨明"存在"这个毋宁说是最晦暗的概念已成为一项紧迫的思想任务，那么，本体论及其问题恰恰成为牵涉形而上学之命运的核心区域了。正是在这个意义上，海德格尔"拯救"了关于存在的学说，即本体论，它的任务是重思"存在"。只是这里必须做出的分析是：某种关于存在的学说，究竟是在形而上学"之内"，还是在形而上学"之外"。海德格尔明确地把他自己的本体论探究置放在形而上学之外，即所谓"基础本体论"。

之所以在这里概要地叙述"本体论"的基本含义，并且如此这般地指证本体论与形而上学的历史性勾连，不仅是因为我们的研究主题乃是马克思主义哲学的本体论，而且这一主题必须在这样一个历史性转折的重大背景中以及在由之而来的问题领域中才能真正展开。这既牵涉对马克思哲学唯物主义基础的基本理解，又牵涉对这一唯物主义基础的根本估价。这样的估价要从本体论上清晰地表明：马克思的哲学唯物主义是决定性的超越了，还是滞留或重返一般形而上学的基地和本质。只有在哲学——形而上学的本质遭遇到严重追究和诘难的思想史境况（例如"费尔巴哈关于哲学的本质的发现"）中，才能更加深入地理解马克思主义哲学的唯物主义基础；而只有从本体论上更加深入地阐述和把握这一基础本身，我们才能对马克思的哲学革命——首先是本体论革命，以及由这一革命而奠基的唯物主义及其当代意义做出充分而准确的估价。而不至于像某些粗陋的理解那样，只是把马克思主义的哲学仅仅置放在一般"唯物主义"这种最稀薄的抽象中，并且把马克思主义的唯物主义基础无原则地混同于并归结为斯宾诺莎的"实体"或费尔巴哈的"自然界"。

马克思的"新世界观"作为一个整体，是很难就所谓本体论、认识论、方法论、历史观等来做出截然区分的。但是，只要还存在对马克思主义的哲学唯物主义基础进一步深入理解和阐释的必要性，换言之，只要还实际地存在着对这一唯物主义基础本身的歪曲、误解、混淆和不恰当的限制或附加，那么，对马克思主义哲学本体论的特殊强调和审慎探讨就是完全必要的。在这里，所谓马克思主义的本体论，大体上就是指马克思主义哲学的唯物主义基础，或这一唯物主义基础的核心部分（"存在"议题）。在这个意义上，匈牙利著名的哲学家卢卡奇·格奥尔格的下述说法是有道理的："任何一个马克思著作的公正读者都必然会察觉到，如果对马克思所有具体的论述都能给予正确的理解，而不带通常那种偏见的话，他的这些论述在最终的意义上，都是直接关于存在的论述，即它们都纯粹是本体论的。"这一说法正确地意味着：马克思所有的具体论述最终都植根于他的哲学唯物主义基础之中，因而这些论述最终都直接关乎存在的议题，也就是说，是纯粹本体论的。

第二节 冲突与争论中的马克思主义本体论问题

在对马克思主义哲学的基础阐释中实际地遭遇到一种显而易见的冲突与对立。这样的冲突与对立特别尖锐地表现在第二国际的主要理论家和西方马克思主义的早期代表人物之间几乎完全背道而驰的阐释定向上。虽说不同程度的调和倾向始终是存在的，但是本质重要的定向恰恰是在此种冲突与对立中得到规定与实现的。就像黑格尔去世之后整个学派开始发生分裂并最终导致"实体"与"自我意识"的激烈冲突一样，马克思和恩格斯身后的理论命运与学说格局同样也以一种内在冲突的形式表现出来：一方面是以"物质实体"为依归的决定论实证科学；另一方面则是以"总体"为立脚点的"革命意志"及其辩证法。这样一种内在冲突的形式直到今天依然保持着它在马克思主义哲学阐释中的基本定向作用——它的主导方面并没有从根本上得到改变。就比如说自黑格尔去世开始，学派内部就沿着"实体"和"自我意识"两个方向开始不断分裂，并且最终形成。而与这种激烈的冲突相一致的，还有马克思和恩格斯致力于追求的理论命运以及学术格局也在不断发生着内在冲突，其表现形式有两个：一是决定论实证科学，它以"物质实体"作为理论依据；二是"革命意志"和它的辩证法，这一形式则是把"总体"作为出发点。而这种内在冲突和对立的表现形式，时至今日仍然可以在马克思主义哲学中起到至关重要的作用，即没有真正改变主导方向的一种基本的确定方向的作用。尽管西方马克思主义的后继者们在问题的提法与领会方式上有了许多调整和修正，就像承袭第二国际传统的理论家们对其学说也实施了进一步的系统化和精致化一样，但阐释定向的基本格局仍然以一种似乎在逻辑上得到保证的对立姿态得以持存。

关于这种对立的见解和争论，我们手边就有一个现成的例子。这个例子牵涉对"实践"的理解，而这样的理解又本质重要地关乎马克思主义哲学的本体论。

一方面是俄罗斯哲学家格奥尔基·瓦连廷诺维奇·普列汉诺夫。在其《从唯心主义到唯物主义》一文中，他写道："马克思指责费尔巴哈不了解'实践批判'活动，这是不对的。费尔巴哈是了解它的。但是马克思说得对，费尔巴哈用来解释那个'人的本质'的概念，缺点在于抽象，这是不可避免的。只要做到用唯物主义来解释历史，费尔巴哈就可以消除自己学说中的这个缺点。"普列汉诺夫用来批评马克思的《关于费尔巴哈的提纲》误解费尔巴哈的论据是：费尔巴哈不仅经常地提到"生活"和"实践"，提出哲学与实践比较只是"不可避免的不幸"，而且认为唯心主义的根本缺陷就在于"它仅仅从埋论的观点来考察世界的客观性或主观性、现实性或非现实性的问题"。确实，不可否认的事实是：在费尔巴哈的著作中"生活"和"实践"的提法是经常出现的，或许并不比马克思来得少（第一个例子是普列汉诺夫在他的《从唯心主义到唯物主义》这本书中写到的部分内容，他批判马克思在其《提纲》中对于费尔巴哈的错误评论。普列汉诺夫在这篇文章中写到"费尔巴哈对于'实践批判'活动是了解的，马克思对于这部分的指责并不合适。但是对于费尔巴哈用'人的本质'的概念来解释，确实如马克思所说，会无法避免地陷入过于抽象的境地，但其实如果费尔巴哈能够通过唯物主义去进一步解释历史的话，这一问题便可迎刃而解。"而他能够批判马克思此论断的依据在于：事实上，费尔巴哈在他的学术理论中曾多次提到过"生活"与"实践"，其频率并不一定逊于马克思，而且他认为如果拿哲学与实践进行比较的话，恐怕是"不可避免的不幸"，而且唯心主义存在的一个巨大弊端在于"它单单只是从理论观点的层面去探索这个世界关于现实或非现实、主观或客观的问题"）。

但是，只要稍稍浏览一下马克思《关于费尔巴哈的提纲》，就很容易发现，马克思批评费尔巴哈的几乎每一个字，都可以归结为这样一个判断：费尔巴哈不了解"实践批判的"活动的意义。这里不可能详尽地讨论这个问题，只需指出一点，即普列汉诺夫恰恰没有（真正说来，依其哲学立场也不可能）理解：尽管费尔巴哈可以和马克思同样经常地使用"实践"一词，但其意义在哲学本体论方面却是非常不同的。普列汉诺夫之所以以为马克思误解了费尔巴哈，只是由于他自己的误解——对费尔巴哈和马克思的误解，对"新世界观"的实践原则的误解。

不仅如此，问题的更加深入之处在于，按照俄罗斯哲学家格奥尔基·瓦连廷诺维奇·普列汉诺夫的看法。"实践"观点既然是为马克思和费尔巴哈所分有的，因而也就是与马克思的哲学唯物主义基础本质上无关的东西（至多只是无关紧要的东西）。这里的关键之点是：除去种种外在的"附加"或"补充"，当普列汉诺夫在"实践"的观点上把马克思和费尔巴哈等同起来时，实际上他也把马克思和费尔巴哈的哲学世界观混为一谈了。于是普列汉诺夫很自然地说：马克思和恩格斯在所谓"哲学本身的问题"上，始终保持着与费尔巴哈相同的观点。这种根本上的误解和混淆立即导致了一系列的理论倒退和失误。

另一方面是匈牙利著名的哲学家卢卡奇·格奥尔格。在对"实践"的理解方面，卢卡奇恰恰是和普列汉诺夫对立的。卢卡奇的理论旨趣就是从所谓"普列汉诺夫的正统"下解放出来，从而"为哲学研究开拓出新的境界"。最富特征的对立非常明确地表现在《历史与阶级意识》的核心概念——"实践"上：当普列汉诺夫把马克思的实践原则同费尔巴哈关于"实践"的说法混为一谈时，《历史与阶级意识》却构成了一种"抽象的、唯心主义的实践概念"。为了避免过多地涉及理论上的细节，我们在这里主要采用卢卡奇本人后来关于这个"实践"概念的说明：这种实践概念虽然"对机械唯物主义提出了强烈的抗议"，但却不仅遗忘了"劳动"，而且重新陷入了"唯心主义的直观"之中。《历史与阶级意识》企图用以"解除世界的必然性"的所谓"行动"或"实践"，实际上意味着一种"极'左'的主观主义的行动主义"。这部著作虽然认识到马克思是一位全面的思想家，但却是"透过黑格尔的眼睛"来观察马克思的，因而是以黑格尔为基础"把黑格尔和马克思在一种'历史哲学'中加以综合"。

因此，正如卢卡奇后来所指证的那样，《历史与阶级意识》的实践概念乃是抽象的和唯心主义的。这本书的价值在于它提出了"当时马克思主义回避了的问题"，但它对阶级意识的分析包含着明显的"唯心主义成分"。于是，这样的实践概念便表现为一种主观主义的"高调"，它"更接近当时流行于共产主义左派之中的以救世主自居的乌托邦主义"。在这里还应补充一句，即这种乌托邦主义实际上往往是那时哲学理论上庸俗唯物主义倾向的必然补充，是分裂马克思哲学唯物主义基础的必然结果。

由此可见，对马克思"实践"原则的理解，是非常切近地牵涉到哲学唯物主义基础的。在这个问题上，普列汉诺夫和卢卡奇的对立，虽然主要表现为不同的理论倾向，但却深刻地意味着"基础"从中间爆裂的结果。正是由于这种爆裂，才使普列汉诺夫和卢卡奇能够各执一端，才使"抽象的、唯心主义的实践概念"在面对同样抽象的、庸俗唯物主义的"实践"概念成为可能的。一句话，在马克思主义哲学本体论的基础问题上，《历史与阶级意识》的"实践"概念意味着它同庸俗唯物主义或实证主义的理解倾向构成对立，尽管它在很大程度上是以主观主义与之形成对立。

在与我们的主题最为明显也最为紧密相关的那个方面，上述冲突与对立还特别地形成了在作用与意义之估价上的费尔巴哈与黑格尔的对立。在这里值得引起注意的有两个方面：第一，此种意义上费尔巴哈和黑格尔的对立，是与马克思哲学阐释定向上的冲突最本质地联系在一起的。换句话说，正是这种定向所指引的关于哲学之性质的判断，制约着并且决定着关于哲学史或思想史意义上的那些判断的做出。第二，在这里构成判断之核心的，并不是形式的那个方面，因为从形式的方面来说，并不存在真正意义上的冲突。正像普列汉诺夫绝对能够认可黑格尔辩证法对唯物主义基础的形式补充一样，卢卡奇也绝对愿意承认在马克思和黑格尔的"直接衔接"中，费尔巴哈在形式意义上的中介作用。问题显然在于实质方面，而这里所说的实质方面，乃是就本体论基础而言的。

在上述的对立中，若就实质方面——亦即就本体论基础而言，则费尔巴哈似乎占有某种优势（优先地位），因为费尔巴哈是唯物主义者；这正是第二国际理论家阐释定向得以立足的基本依据。但是，费尔巴哈的这种优先地位，只有在辩证法的主导原则根本不进入（或根本不能进入）本体论基础这一点被假定的时候，亦即只有在辩证法被形式化和中立化因而对基础说来是纯全外在的时候，才能够真正成立并巩固地得以保持；而这又正是西方马克思主义阐释定向由此出发的基本路径。这样的对立已经解除了吗？没有，从根本上来说尚未真正解除；毋宁说，这样的对立倒是以两个"实体"、两种"形象"被嵌入马克思的哲学中了。然而，这种保持在内部的对立虽说是彼此冲突的，但其进一步的发展在导向分裂的可能性的同时，也在导向使问题得以继续深化理解的可能性。确实，正是这种冲突与对立把我们引导到本体论的根基处；我们现在能够更清楚地看到，真正的对立不在别的地方，不在策略或方案，不在此一观点或彼一观点，而恰恰就在本体论的基础。

但是知道对立在此基础之中，并不意味着能够解决或克服对立——并不意味着能够以深入于这一基础本身的方式来解决和克服对立。当然，几乎每一个马克思主义理论家或研究者都试图克服这样的对立，以便使自己的立脚点能够不因内部冲突而陷于瓦解的境地——这样的努力确实在做出，并且一再被做出。即使是最激进地代表某一方面而拒斥另一方面的理论观点，只要在马克思主义哲学的名义下，都不得不——并且正是以这一哲学的名义要求扬弃冲突，或至少使冲突维持在一定的范围之内。但是，冲突却并没有被实际地终止，片段之间的对立继续不断地并且是一再地浮现出来。马克思哲学的科学性与革命性、作为实证知识的方面与作为批判诉求的方面、唯物主义与辩证法、黑格尔因素与费尔巴哈因素，以及作为知性科学的样式和作为价值理想的样式等，总是以其或者公开或者隐蔽的对立方式重新产生出来。这意味着对立并没有被真正地摒弃或克服，它至多只是在表面上被调和、被暂时搁置，甚至仅被视而不见罢了。那些连本体论的基础还根本未曾触着（亦即还根本没有意识到问题是在这个基础领域中发生的）却以为已经把握住统一本身的各种意见或观点，不过只是佯言克服了对立，而实际上却不得不更深地陷入并纠缠于这样的对立中。

如此说来，难道这样的对立终究是不可克服的吗？我们的意思是说，这些一再出现于马克思哲学阐释定向中的对立难道不可能从根本上得到解决吗？回答显然是否定的。因为马克思本人在19世纪40年代中期就已经在理论上克服了所有这些对立，并且恰恰是从根本上克服这些对立的。这里所谓"根本"，正像我们前面一再提到过的那样，意味着"在本体论的基础"；而这样的说法，无非意味着马克思发动过一场真正的哲学革命，一场本体论基础的革命。唯独通过这样一场革命（或者，用德国哲学家马丁·海德格尔的术语来说，"思想之居所的革命""移居"，等等），现代形而上学建制之题中应有的种种对立与冲突，方始从根本上得以克服和扬弃。从单纯理论的方面来说，只是由于这个本体论基础的革命实际上宿命般地被遮蔽而遁入晦暗之中，所以马克思主义哲学的整个理解方案便不可避免地跌入现代性意识的强制中。因此，在马克思主义哲学阐释定向中所出现的基本对立，以及由之而来的其他种种对立，不过是再现了现代形而上学之根本建制中已经先行设定（并因而在此范围内是不可能真正克服）的诸多对立罢了。

当深刻地意识到在马克思主义哲学阐释中实际存在着的尖锐对立并力图使之从根本上得以扬弃之际，马克思所发动的本体论革命一事及其意义估价便以其全部重要性被课题化了。这个课题将促使我们返回到这样一个时代，马克思通过这个时代酝酿并策动了哲学本体论基础的整个颠覆性行动，并从而导致了所谓"哲学革命"。我们以下的探讨便是围绕着马克思主义的本体论而展开的。

第三节 马克思的本体论革命与新世界观

一、以实践为基本定向的唯物主义

马克思的实践学说乃是新世界观的实质和根本，这一点一般说来也许不会引起太多的争论。在较多具体的理解中，说实践观是马克思主义认识论之第一的和基本的观点，或是唯物主义历史观的前提和"起源"，大概也是意见较为一致的。但是，实践学说难道也是马克思哲学本体论（关于存在之学说）的基本原则吗？在这个问题上，显然会有种种的疑虑和众多的意见分歧。但大家都愿意承认，这是一个涉及马克思哲学唯物主义基础的重大的根本问题（当然，把马克思的学说这样区分为认识论、历史观和本体论，或许是不妥当的，甚至是很不妥当的。但是，为了方便讨论，并且为了使问题得到集中的表现，我们姑且有条件地使用这种区分）。

马克思的实践学说不仅具有本体论的意义，而且首先具有本体论的意义。马克思实践观点的认识论意义是完全建立在这种本体论意义的基础之上的，并且是与之不可分割地联系在一起的。换言之，在马克思那里，"实践"从根本上来说，首先是关于存在与非存在、关于存在的现实性、关于自然界和人的现实存在的基本原理。而马克思实践观的本体论意义之所以未能昭彰显著，部分是由于对"实践"的狭隘理解，部分是由于把这一存在领域完全让渡给旧唯物主义。

在《关于费尔巴哈的提纲》中，马克思实践原则的本体论意义是表述得非常清楚的，对于我们的理解来说是足够清楚的。首先，是关于人的存在问题（这个问题可能较为简单）。在马克思看来，"实践"感性的活动或对象性的活动乃是人的现实的存在或现实的人的存在。

在这里，必须引起高度注意的有两点：第一，上文提到的"人"，皆指人的存在——费尔巴哈把人的存在看作是"感性的对象"，而不是"感性的活动"。第二，也是更重要的，在马克思那里，感性的活动乃是人的存在本身。换而言之，这种活动不是人的"偶性"（如果可以这样说的话），不是先有一个所谓人的"实体"的存在，然后再把这种作为偶性的活动赋予它。不，对于马克思来说事情绝非如此，而这正是马克思同全部旧哲学最主要的区别之一：根本没有什么抽象的人的"实体"或"本质"，现实的人就是他的存在本身，即"感性的活动"（所以到此为止，我们可以简单总结出马克思和费尔巴哈对于"人的存在"的不同理解：费尔巴哈把"人"，也就是人的现实存在理解成感性的对象，而马克思则将这种人的存在解释为感性活动本身。对于马克思的这种哲学思想，或者我们可以更加具体地解释一下，所谓"感性的活动"，不是先有一个实体"人"的存在，然后由他进行某种偶性的活动。在马克思的哲学中，却不是这样的，在他看来，根本不存在所谓的人的"实体"，人本身就是现实的存在，就是感性的活动，而这也是马克思思想中和旧哲学有所区别的一点）。如果说，感性对象和感性活动的区别不是关涉到人的存在本身，而仅仅是关涉到人的"实体"的"偶性"，那么马克思对费尔巴哈的这个批判就是无关紧要的了。

"感性的活动"或"实践"难道也是自然界存在的本体论规定吗？是的，在马克思看来正是如此。事实上，当我们弄清马克思这一思想的真义时，其明确性就像其深刻性那样，乃是一目了然的。

马克思指出，费尔巴哈"没有看到他周围的感性世界绝不是某种开天辟地以来就直接存在的、始终如一的东西，而是工业和社会状况的产物，是历史的产物，是世世代代活动的结果，甚至连最简单的'感性确定性'的对象也只是由于社会发展、由于工业和商业交往才提供给他的"。为什么费尔巴哈没有看到这一点呢？因为他不了解"实践"，因为他未能把实践理解为感性世界存在的本体论规定。也许有人会说，这种规定根本是不正确的或不必要的，只要费尔巴哈掌握一点辩证法，并且把感性世界看成是运动的，他就可以克服这个缺点了。但是，这种说法不仅把费尔巴哈不能掌握辩证法看作是一件纯粹偶然的外在事件（因而同样可以把辩证法和费尔巴哈唯物主义的外在结合看成是实际可能的），而且根本没有真正领会马克思形而上学本体论的原则要求，即把人们周围感性世界的存在理解为"感性活动"的结果。事实上，马克思在另一处非常明确地指证了这一点："这种活动、这种连续不断的感性劳动和创造这种生产，正是整个现存的感性世界的基础，它哪怕只中断一年，费尔巴哈就会看到，不仅在自然界将发生巨大的变化，而且整个人类世界以及他自己的直观能力，甚至他本身的存在也会很快就没有了。"

按照通常的或流俗的观念，一般的物质世界乃是感性活动的基础；而马克思似乎说得正相反，感性的活动乃是"现存感性世界的非常深刻的基础"。当然，这里的提法乃是"现存感性世界"；于是马上有人会说，这至多只是真正"存在"世界的一部分，而完整的"存在"乃是一般物质世界的全体。姑且撇开这种"全体"本身的性质不谈，这里的问题是：非现存的、非感性的东西能够被理解为存在吗？它们究竟是"存在"呢，还是"非存在"？它们存在于什么地方呢？很显然，对于这样的问题，不同的哲学观点会有不同的答案；但是，对于马克思来说，"存在"及其现实性唯关乎感性，因而现实的存在只能是"现存感性世界"。正是在这个意义上，马克思写道："先于人类历史而存在的那个自然界，不是费尔巴哈生活其中的那个自然界，这是除去在澳洲新出现的一些珊瑚岛以外今天在任何地方都不再存在的、因而对于费尔巴哈来说也是不存在的自然界。"如果根据常规的观点来看，所谓感性活动的基础就是指一般的整个物质世界。马克思的观点与之刚好相反，他认为感性活动才是基础，是现存感性世界的基础。针对这一点有人持反对意见，感性活动只能算作是现实存在世界的一部分，真正完整来看应该是一般的物质世界内的全体。

在马克思看来，先于人类历史而存在的自然界，就其本身来说，当然是存在的——它不仅自在地存在，而且构成人类之直接存在的物质前提。总而言之，即使在人类出现之后，"外部自然界的优先地位仍然会保持着"；而这里所谓的优先地位，就是自然界之原始的自在性质——自然界的自在存在。但是，马克思之所以特别地依据于"感性活动"来形成对现存感性世界的理解，乃是因为仅仅根据自然界的自在存在这个简单的事实（它为自然科学和人们的常识所确认），已经不能对现存的感性世界、对这个世界中活动着的现实的主体以及特别是作为二者之统一的历史过程形成任何具体的、有内容的真实判断。这不仅是因为：现实的主体生活于其中的那个对象世界——现存的感性世界，正在发生着如恩格斯所说的整个自然界之"溶解在历史中"，"永恒的自然规律也越来越变成历史的自然规律"；而且是因为：在单纯的"自然界的自在的存在"中，还根本没有提出，从而也根本不可能要求解决"人对自然的关系这一重要问题"——这个"产生了关于'实体'和'自我意识'的一切'高深莫测的创造物'的问题"；最后还因为：即使是对于自然界的自在存在这个简单事实的确认，作为自然科学和常识的确认，也不是历来就有的、始终如一的观念，正像古代的自然崇拜与这种确认不同一样，中世纪的自然神论乃是与这种确认相反的。因此，当代对于自然界之自在存在的确认，乃是近代自然科学的结果；不消说，近代自然科学正是"现存感性世界"的产物，是现代工业和现代人类感性活动的产物。

也许有人会主张，应当把自然界的自在存在同对这一事实的确认区别开来。这固然在某种意义上是对的；但是请设想一下，离开了以现代工业为基础的当代自然科学，你能向任何一个人指证这一事实吗？除非你愿意满足于某种独断；但是这样一来，你也就为一切与你的断言不同或相反的独断留出了地盘。费尔巴哈特别地倚重于自然科学的直观，不是没有道理的。然而即便如此，即便依此直观而确认自然界的自在存在这一事实，即便这种确认一般说来是不错的，我们仍然可能由于在哲学上仅仅满足于对这一简单事实的确认而犯时代的错误。因为正如马克思所指出的那样，一方面，费尔巴哈特别倚重的自然科学的直观，只是由于人们的感性活动，才或者产生出来，或者发展起来；另一方面，甚至连最简单的"可靠的感性"的对象也是由于感性的活动——由于社会的发展、工业和商业往来才提供给主体的。

马克思的"感性活动"原则，不只是针对现实主体的本体论原则，而且是针对整个现存感性世界的本体论原则。事实上，对于同样主张感性对象性原理的马克思和费尔巴哈来说，无论是对于主体还是对于对象世界，他们所采取的都只可能是一种对此和对彼同一的原则；正像费尔巴哈在主体方面设定单纯地直观从在对象方面设定直观的对象世界一样，马克思在把主体理解为"感性活动"的同时，也使对象世界进入"感性活动"这一本体论原则的综合理解之中。为了扼要地说明问题，我们可以举一个简单的例子。比如说，一块石头，对于直观的唯物主义来说，它就是一块石头；我直观到它，所以我意识到一块石头；但是无论我是否意识到它，它都是一块始终如一的、一成不变的石头……但是，对于掌握了"感性活动"原则的唯物主义来说，与其说这块石头是某种一成不变的东西，毋宁说这一事物是在人的感性活动中生成的东西，是为人的活动所改变的东西，是人之可能改变自身而必先改变的东西：即便是同一块石头，当它只被用作投掷的时候所具有的意义，不同于它被用作打制石器的意义，而它被用作磨制石器的意义，不同于它被用作饰品、用作燃料、用作建筑、用作化工原料等的意义。

或许有人会说，我们不能改变石头本身，而只是改变石头的形式。这句话在某种意义上是对的，然而在大多数场合，却是以虚假的前提为基础的。我在改变石头形式的同时，难道丝毫没有改变石头"本身"吗？如果说真的丝毫没有改变，那么这"本身"是什么呢？它是单纯的质料——然而我们从亚里士多德的时代就已经知道，离开了形式的质料是一种抽象；而我们通过马克思的"感性活动"原则更应该认识道："活劳动通过把自己实现在材料中而改变材料本身，这种改变是由劳动的目的和劳动的有目的的活动决定的。"这里所说的，正是改变"材料本身"；这种改变，"不像在死的物中那样是创造物质的外在形式，创造物质存在的仅仅转瞬即逝的外表"。所谓改变材料本身，当然不是说凭空创造出材料来（思辨创世或神学创世），当然不是整个地夺去自然物的自在存在，而是说劳动这样一种形式化活动，绝不像粗陋的理解那样，只是单纯改变物的外在形式——仅仅是转瞬即逝的外表；如果是这样的话，岩石的风化和木匠的雕刻就完全一样了。

这里所包含的本体论思想是非常深刻且值得认真发挥的（因为它就体现着新世界观在哲学史上所完成的革命性变革和当代意义），但我们只能就此简要地说几句：从肯定的方面来讲，马克思的哲学本体论要求把存在物（事物、现实、感性）当作实践去理解；这里说的不多不少就是这个意思：把它们当作"人的感性活动"去理解。从否定的方面来讲，马克思的哲学本体论反对抽象物质的观念，因为它具有唯心主义的倾向，这里说的不多不少也就是这个意思："抽象物质"实际上分享着唯心主义的观念基地。正如马克思所说，黑格尔的"抽象的自然界……只是自然界的思想物。"对于思辨唯心主义来说，真实的东西是理念，而自然界不过是理念的异在形式；对于形而上学唯物主义来说，真实的东西是抽象的物质实体，而真正实现的、感性的自然界也不过是这种实体的外在形式。不消说，这种抽象的物质实体同样是抽象的自然界，即"名为自然界的思想物"。因此，马克思对全部旧唯物主义的批判——只是从"客体的或者直观的形式"去理解存在物——便具有两方面的含义：第一，强调"客体的或直观的"，意指旧唯物主义缺乏能动的原则；第二，重点在"形式"，这"形式"不是通常的含义，而是指逻辑形式、理智的观念形式，意指旧唯物主义仍然从抽象的理智逻辑的形式去理解存在物，去把握世界。与此相反，对于马克思来说，自然界的现实的存在根本不是居住在井井有条的逻辑"水晶宫"中的抽象实体，而直接是具体的、感性的事物，是直接进入我们的生活并在我们的实践中直接遭遇到的实体本身。因此，从根本上矫治旧唯物主义本体论的缺陷，并不是把辩证法从外部输入抽象的物质实体中去，而是真正阐明实践或感性活动的本体论意义。

二、马克思主义本体论中的主体方面

在作为新世界观的唯物主义哲学中，马克思把"从主体方面去理解"作为一个具有重大意义的要求提了出来。这个要求无疑植根于"实践"这一本体论纲领中。先前的唯物主义把主体的原则理解为与现实性相反的单纯的幻想，而唯心主义在现实性的理解中却只确认了一个抽象思辨的主观世界。马克思所谓"从主体方面去理解"，这个要求之唯一现实的、合理的意义只可能是由"感性活动"来定向的。正像这种理解把现实的主体包含在感性的、客观的活动中一样，它同时也揭示出主观世界的"最本质的""最切近的"基础——正如恩格斯所说的："人的思维的最本质的和最切近的基础，正是人所引起的自然界的变化，而不仅仅是自然界本身；人在怎样的程度上学会改变自然界，人的智力就在怎样的程度上发展起来。"换句话说，思维的"现实性""真理性"或"此岸性"，正在于人的感性活动："关于离开实践的思维的现实性或非现实性的争论，是一个纯粹经院哲学的问题。"

自黑格尔哲学解体以来，成为问题的是这个主体性本身，即"我思"，亦即"意识的内在性"。意识的内在性构成近代以来全部形而上学的主导原则和基本建制。虽说康德的"我思"不同于笛卡尔的"我思"，黑格尔的"自我意识"又不同于费希特的"自我意识"，但坚执意识的内在性却是形而上学之全部现代形式的共同基础。在这个基础上，人们把"意向性"与意识联系起来，从而使"意向客体"在意识的内在性中也一样有它的位置。在海德格尔看来，基本的哲学状况直到胡塞尔依旧没有根本改变，因为虽说胡塞尔的意向性概念使对象取回其"本己的存有特性"，从而挽救了对象，但他依然把意向性包含在内在性之中，"把对象嵌入意识的内在性之中"。在黑格尔哲学分裂解体之后，主体本身成为主要问题，这里说到的主体就是"我思"，或一个更加直白点的词语，也可以说成是"意识的内在性"。而从近代开始，它便作为所有形而上学理论的主导原则和基本建制。尽管康德和笛卡尔的"我思"不同，黑格尔和费希特的"自我意识"也不同，但是他们所坚持的意识内在性是一样的，是他们理论的共同基础。人们在这个基础上又把意向性和意识联系在一起，形成了意向客体。海德格尔认为，虽然在德国哲学家埃德蒙德·胡塞尔意向性概念的努力之下，挽救了对象，使其拥有"本己的存在特性"，但他所谓的意向性却仍然没能脱离内在性，也就是将对象嵌入在了意识的内在性之中。所以从这个角度来看，这种基本的哲学状况到胡塞尔为止也没能真正改变。

问题的核心之点在于是否能够真正瓦解近代形而上学的基本建制，亦即在于是否能够彻底贯穿意识的内在性。费尔巴哈想要研究跟思想客体确实不同的感性客体，这意味着他力图摆脱由意识的内在性所预设、所规定的"意向客体"；但是，当他终于不得不将人的类本质了解为所谓"类意识"的时候，这一摆脱内在性的途径就已经被决定性地堵塞了——接踵而至的只能是一连串的快速退行。在这个意义上，马克思对费尔巴哈哲学的最终清算与诀别，可以说正是由于对意识之存在特性的本体论批判而得以突出地显现的。

关于主体或主体性的第二个方面涉及对于思维、意识等的唯物主义理解。在马克思看来，现实的思维只能是现实主体的思维，即人的思维——就这一点而言，费尔巴哈是正确的。因为他不像"纯粹的"唯物主义那样，把思维直接还原为"实体"（即"脱离人的自然"）的属性。除开现实人的思维之外，不存在任何意义的思维。既然现实的思维取决于现实的主体，那么，如何理解思维的现实性也就取决于如何理解主体的现实性。因此，在有关现实主体的问题上，马克思与费尔巴哈的区别也就成为二者在有关思维、意识等问题上的基本区别。

在以"实践"定向的本体论立场中，主体的现实性并不仅仅在于它们是直接的感性对象，而在于它们首先是感性的、对象性的活动；而且由于这种活动无疑包含并扬弃着直接的感性对象，思维的现实性基础就应当被了解为感性的活动本身。正是在这样一种本体论立场上，马克思把关于意识的唯物主义立场首先规定为"从现实的、有生命的个人本身出发，把意识仅仅看作是他们的意识"。总而言之，既然意识只能是现实主体的意识，既然现实主体与其对象世界不可分离，那么，决定意识的存在就必定是主体及其对象的现实存在，即"人们的现实生活过程"。不言而喻，人们的现实生活过程也就是马克思一般地称为"感性活动"的过程；而且就是在这个意义上，马克思使实践的本体论原则在关于主体，从而在关于意识、思维或认识等的理解过程中具有了首要的、基本的和决定性的意义。

"感性的对象"和"感性的活动"可以用来一般地表示马克思和费尔巴哈在理解思维、意识、观念等基础的不同的立足点。对于那些以为"实践"的立足点在唯物主义方面不够牢靠的人来说，似乎只有排除"活动"原则的感性才是唯一可靠的。然而事情绝非如此：马克思的本体论立场绝不比任何一种唯物主义少一点唯物主义，正像"感性的活动"绝不比任何"感性的对象"少一点感性一样。如果说现实性首先应当被理解为感性的话，那么，用来说明意识、观念等的"感性的活动"这一立足点，就绝不比"感性的对象"这一立足点缺少现实性或客观性——丝毫都不缺少。相反，正是由于感性活动的本体论原则被引入唯物主义基础本身，所以，马克思的立场较之于单纯"感性的对象""感性的直观"或单纯的"物质实体"等，具有无比的优越性：因为这样一种关于意识的唯物主义立足点，不仅彻底取消了所谓"无限的自我意识"的思辨幻想，不仅整个地改变了那种与活动原则正相反的感性现实性原理，而且实现了对于"斯宾诺莎的实体"（亦即形而上学地改了装的、脱离人的自然）的决定性批判。

因此，人们在现实生活中所产生的一切观念，或者是关于他们对自然界的关系的观念，或者是关于他们之间的关系的观念，或者是关于他们自身的状况的观念。在所有这些情况下，"这些观念都是他们的现实关系和活动、他们的生产、他们的交往、他们的社会组织和政治组织有意识的表现，而不管这种表现是现实的还是虚幻的。相反的假设，只有在除了现实的、受物质制约的个人的精神以外还假定有某种特殊的精神情况下才能成立"。这里所说的"相反的假设"，不仅特别地针对着唯心主义，而且同时也针对着旧唯物主义；因为就后者的理论终局而言，把存在理解为抽象的形而上学的实体，同样也正意味着把思维变成抽象的、形而上学的属性（实体的属性）。但是这样的"属性"恰恰不是属人的世俗的东西，不是现实主体的思维（因此人们产生的不管是对自然界关系，人类自己的关系还是自身状况的一切观念，都是他们自身的现实关系和活动的表现，如生产、交往、社会和政治组织的表现，不管这种有意识的表现是现实还是虚幻。也就是说，必须在受到物质制约的现实个人精神之外还要有其他特殊的精神，那这种相反的假设才存在。这种假设是同时针对唯心主义和旧唯物主义的。因为从旧唯物主义的角度来看，如果把存在解释成形而上学的实体，是一种抽象的实体，那么这时候思维也具有这样的属性。当然，这样的属性不是世俗的，也不是现实主体的思维）。

由此可见，马克思在"实践"的基础上，不仅向前推进了唯物主义关于存在的理解，而且正因为如此，也同时改变了旧唯物主义关于思维、意识、观念和认识等的理解。而"新世界观"，作为"实践的唯物主义"，乃是以"活动"、以历史为原则的唯物主义；因而它关于存在和意识的唯物主义的理解，同时就意味着历史唯物主义。所以恩格斯说："这样一来，唯心主义从它最后的避难所即历史观中被驱逐出去了，一种唯物主义的历史观被提出来了，用人们的存在说明他们的意识，而不是像以往那样用人们的意识说明他们的存在这样一条道路已经找到了。"这条道路的基本立足点就是把意识理解为现实主体的意识，把现实主体的意识理解为人们的感性活动或人们的现实生活过程"在意识形态上的反射和回声的发展"。这种理解不仅彻底中止了关于思维或意识的任何一种唯心主义思辨，而且也毫不留情地清除了关于存在的种种形而上学的抽象。正因为如此，马克思把他的唯物主义立场表述为："不是人们的意识决定人们的存在，相反，是人们的社会存在决定人们的意识。"在这里应当再度提醒注意的是，"人们的社会存在决定人们的意识"，并不像初看起来那样，是"存在决定意识"的某种特殊形式或特殊表达；应该说，"存在决定意识"只是在马克思所确定的那个意义上，亦即在决定性地区别于直观唯物主义的那个意义上，才成为完美的真理，才成为"新世界观"的唯物主义真理。

第四节 马克思主义本体论与历史唯物主义

一、作为历史本质的社会现实

在黑格尔哲学本体论基础上建立起来的历史原则，同时也意味着所谓"现实"的定向，意味着"社会现实"居于历史理解的核心地位。这种情形在《历史哲学》和《法哲学》中表现得最为突出。对于现实的定义是指本质和实存的存在。而整个过程也是表现出进程改革的必然趋势。如果说前者要求着实体性的内容本身,那么后者就正提示着作为展开过程的历史之现实性。如果谈论社会现实的实质,首先都会想到黑格尔。因为黑格尔是在现代背景下首次将形而上学的范畴归于社会现实的哲学理论。他将社会现实作为理解的因素之一,而为了将社会现实的实质内涵真正地展现于世,黑格尔将主观思想进行了十分深刻的评判,甚至是反对。而也有学者指出黑格尔的新批判是积极的。也是为了人类理解社会现实而展开的讨论进程,就一定会想到黑格尔,就是他把社会现实当作一个重要的课题在现代的形而上学领域正式提出。黑格尔对于主观意识进行了可以说是十分严格的批判,才让现实本身彰显出来。就像德国哲学家汉斯·格奥尔格·伽达默尔说的,因为黑格尔的这种否定,他找到了一条道路,一条通往我们现在还生活在其中的现实社会中。

黑格尔主张对于现实社会的否定与发展社会现实其实从内在上来看是一致的。所以社会现实完全展现的方法就是不能再让主观思想统治这个领域。于是黑格尔用全部著作的正面观点来对社会现实进行批判。而进行批判,首先了解到的就是主观思想或者说是主观意识想要变现出来,主要是在外部反思中进行。而这种反思通常被理解为主观思想的判断力的一种运动,这是外部的。但是这种反思只是在进行一种简单的推理,或者是把一些相对来说比较抽象的原则运用到其他的内容中去,但是却并不深入,不能够真正地探知到底什么是其客观性。所以这种外部的反思,只能使一些社会现实被掩盖,而不能真正将其揭示和触动。也就是说这种反思的表象,只是表面功夫,是一些抽象而缺乏实质性的形式。而没有真正的内容,这与自由自在所规定的实质相矛盾。就像现在有很多研究社会历史主题的,都是用这种外部反思的方法,把原则运用到所有的内容中,这样就不单单是我们说的用主观思想,还是以一种病态的本质来解释诡辩论或是浪漫主义虚弱的一面。

绝对唯心主义哲学中的本体论把现实和理念当作哲学的对象,也就是说哲学的根本任务就是要去深入理念,从而进一步揭露现实。由此黑格尔将主观思想的反思哲学进行了批判与否定,他认为在整个哲学中这种抽象的没有内容的主观思想得到了充分发挥。就像黑格尔说的,与其说道德是一种内在自由的反思,不如说是某一个国家的生活习惯。也就是要是这个简单公式中具有客观精神,那么就会体现出社会现实,而这种客观精神也是因为在绝对精神超越之后才得到了证明。所以当论断一切正义和道德行为时都是建立在德国哲学家伊曼努尔·康德的自由反思之上的。因为这种反思是一种纯粹空泛的没有内容的,因为是既抽象也理智的同一性,也就是说这些根本就是形式的空壳。

黑格尔主张用客观思想来理解真理,客观思想是将人类本身自由的特性加以发挥,从而达到真正解放思想的境界。而这种本体论也是有根据的,这种根据就是思想其实是我们的事物本身，而客观思想会让自己去探索事物的实体性内容，也就是合理性现实。现实本来就是内和外、本质和存在的统一，那么哲学也一定是和经验现实一致的，我们也可以把这种一致看作是一块试金石用来考察哲学真理。而反思哲学中的主观思想正好与之相反，它是抽象的脱离现实的，而这种主观思想在古典哲学中将批判哲学发挥到极致，表达思想在脱离现实之后的优越性。无知地以批判之名堵住了现实这条路。这么看来我们对于这些和永恒、真理和神圣有关的东西是一无所知的，还将它自称为哲学的本质。

黑格尔一直将他的本体论贯彻到底，他自身的哲学达到了一种积极的效果，他在本体论的基础上试图并致力于瓦解所有的主观思想，这样就能够让本质和实存相统一，追求深入理解现实。这是社会现实首次出现在哲学中。所以德国哲学家汉斯·格奥尔格·伽达默尔认为客观性告诫哲学的奠基人是黑格尔，因为他一直都在试图证明哲学其实应该是思考事物自身活动，而不是简单的人关于自由的概念。因为我们自由地对于物的思考在哲学思考中丝毫不起作用，这和从事物本身探索事物本质的哲学方向具有相同的意义。

马克思和恩格斯之间的联系都是围绕社会现实展开的，但是有可能是肯定的也有可能是否定的。黑格尔在本体论的基础之上，在对主观思想进行批判时将社会现实作为一项任务。卡尔—洛维特说，就是因为本质实存相统一时黑格尔所理解的现实，所以是他把现实世界变成了哲学内容。这时候只要知道哲学的内容便知道了世界或者说是现实的内容，以至于尽管后来马克思对黑格尔进行批判，抨击他的思辨唯心主义和现实与理性的和解。但是仍然没有脱离开他的现实和实存概念。所以马克思对于这一点的批判重点在于思辨唯心主义不能够真正地解释和探索社会现实。

马克思将费尔巴哈的本体论理论进行变革。从而展开对黑格尔哲学的研究，他认为黑格尔的哲学研究是片面的，具有批判性的。而这种否定将整个本体论的基础推翻了革命性的变革。他从一个拯救的目的地变成了将思辨唯心主义实现社会现实的发展方向，马克思又否定了费尔巴哈的哲学本质。他认为这种哲学是遗忘了整个世界，并且忽略了社会现实，所以思辨唯心主义与社会现实的对立仍然是存在的。而这种对立正是体现了黑格尔的哲学体本质。只有彻底研究了思辨唯心主义的实质内涵才可以将经验与实质性理解性相联系，从而进行自我意识的反省与真理的探索（马克思通过变革费尔巴哈的本体论，形成自己的本体论，进而对黑格尔进行批判，而首先批判的便是他的法哲学。于是本体论产生了两方面巨大的变革。首先是将社会现实从思辨唯心主义中解救出来，其次又反过来批判费尔巴哈的哲学，认为他的哲学是直接将社会现实遗忘，所以这么说来思辨唯心主义的那种社会现实本来就是虚假的。所以在黑格尔的哲学理论中，现实与理性等同，所以在他的思辨唯心主义中要将经验变得神秘化，这是导致这个理论虚假化的原因。所以这样看来，黑格尔所提倡的理性与现实的辩证关系，正是理解为存在理性和自我意识理性的统一存在）。

在《黑格尔法哲学批判》中，马克思指证了"黑格尔较深刻的地方"在于，他把握住了市民社会和政治社会的分离。然而在这种分离中，黑格尔却把市民社会的矛盾称作"现象的矛盾"，从而把本质性导回到国家的理念，并最终导回到绝对理念。马克思追问道，如此这般地建立起来的统一（即如此这般地建立起来的理性与现实的和解）究竟意味着什么呢？它一方面意味着以所谓国家的本质来为现存事物进行哲学辩护；另一方面又意味着在本体论上通过思辨的推理把现实羽化为纯粹的思想物。但是这样一来，黑格尔哲学的非批判性——"非批判的实证主义和同样非批判的唯心主义"就暴露出来了。正是这样一种本质上的非批判性，使真正的社会现实再度被掩盖起来。

所以马克思认为只有从绝对唯心主义的范畴中脱离出来，才能够看清社会现实的本质，并且更加深刻地研究社会现实。马克思指证了黑格尔法哲学的缺陷在于将非批判性集中于所有的精神实质上。把现实中所出现的矛盾用本质的理论解释，这是错误的，而现实性的本质内容则体现于理念之中，换句话说，真正的现实则是理念的体现，但是现象的矛盾是由于差错才产生出来。与此相反的是，马克思认为市民矛盾所产生的社会现象，与现象的矛盾是相互对立存在的。而本质的矛盾是无法通过居间者的理解来得出答案的，真正的社会现实不仅仅局限于黑格尔所提出的理论当中。但是在社会现象中，以社会和居民作为本体的理论是不会出错的（只有将社会现实在绝对唯心主义中释放出来，才能够等到更好地保存。马克思认为，黑格尔的非批判性哲学主要是把现实矛盾当作本质理念的统一，也就是说真正的现实就是现象矛盾的本质、就是理念，反过来说，现象的矛盾就是因为有了理念才算作是现实的。而且马克思认为，市民社会矛盾就是本质上的矛盾，与现象的矛盾无关，并且不可能在"民间者"中和解，所以真正的社会现实是在市民社会的矛盾和冲突，而并不是在他的理念中）。

只有将社会现实列为重点，才是真正体现马克思历史唯物主义的精神实质。而其中所要追求的社会主义、共产主义也是落实在生产关系当中。可以认为马克思的理论是实现了唯物主义与唯心主义的统一性对于社会现实的研究要在以主观思想为主导的外部反思范围之内，那么最重要的哲学任务就是黑格尔和马克思对于社会现实的把握。但是这两者之间是有差别的，社会现实只是在精神或者是理念的层面在思辨唯心主义中获得反应，并且最后变成抽象的思想。与思辨唯心主义不同的是，历史唯物主义则认为物质关系是由感性活动生成的。也就是从本体论的层面来说，社会现实作为人类及其历史的本质的基础，为其赋予基本规定。所以在马克思看来，对于社会现实的探索和把握是理论与实践的统一认识。

唯物历史观在马克思的发明之中，可以说是影响全人类比较深刻的一种理论，他致力于研究人类社会发展的规律，也创造出社会历史观的伟大变革，这种唯物历史观的建立，主要开始于对于黑格尔哲学的批判过程，对于整个黑格尔哲学的理论马克思独立创造出了历史唯物辩证观。而提出的两个重要命题，其中是社会市民是政治国家的前提和政治国家已经得到实质表现的两种理论，马克思对其进行了批判与否定，认为这是一种片面的解释，从此马克思便对人类的异化理论进行了更加深刻的研究，构建出来历史唯物主义观念，将马克思理论升华到一个空前的高度，对于马克思主义唯物历史观所拥有的优越性则从古代一直持续至今，像是其他科学家都能够体现出马克思哲学的理论影子。因为马克思理论在实质内涵中的体现也得到了证明。它的正确性至今影响着人类的思维活动。在早期对于马克思理论和黑格尔理论的探讨中，海德格尔则认为现代意识对于社会现实的强烈影响更加证明了马克思主义的存在意义。而当今的哲学理论与科学是相辅相成的。从而产生出新的逻辑学理论，这使我们认知当时的两重性有了新的意义，对于经济发展方面更要体现于马克思主义的两重性。这才是马克思主义现实理论的体现唯物主义历史观就其本质来说，具有一定的优越性，它最大的思想收获就是真正地面对社会现实，这一点也毋庸置疑是它的生命。在 20 世纪，哲学经历了一定的变革，更加进一步地明确了这一点。不仅伽达默尔观察到马克思的这一贡献，德国哲学家马丁·海德格尔虽然对于马克思的本体论的理解并没有达到完全正确，但是还是能够做出一些判断："马克思能够体会到哲学的异化，并且深入其中进行探索，所以他关于历史的哲学确实是超过其他的历史学的。但是在我看来胡塞尔、萨特都没有意识到历史本质的问题，所以导致现象学中也并没有存在主义，所以也不能和马克思的哲学理论来进行交流。"前面所说的历史本质，就是社会现实。20 世纪 60 年代末期，海德格尔的主张，再次强调了现代意识对于社会现实的掩盖性。而后代的研究中也证实了马克思主义所存在的意义，表现在对于黑格尔哲学的批判和现代哲学之间的联系。将以往的哲学本质体现在误解了现今时代的带有经济发展及其所需架构的双重性质的现实，而只是在知性科学之后进行探究，只有马克思主义懂得这样的现实。

由此可见，正是基于"感性活动"即"实践"这一本体论原则，马克思方始扫除了笼罩在人类历史这一主题上的各种阴霾，要求从根本上深入历史的本质中去，从而使"社会现实"在新的——与黑格尔截然不同的——本体论基础上被重新开启出来，并第一次真正与我们照面。

二、作为历史科学的历史唯物主义

（一）历史的现实前提

正是按照"感性活动"的本体论原则，马克思讨论了历史的"现实的前提"。在他看来，唯物史观由此出发的前提既不是教条，也不是任意的虚构，而是一些只有在想象中才可能加以抛开的现实的前提。"这是一些现实的个人，是他们的活动和他们的物质生活条件，包括他们已有的和由他们自己的活动创造出来的物质生活条件。"在这里重要的有两点：第一，人们的活动；第二，他们的物质生活条件。在历史的理解中排除人们的活动而仅诉诸"物质生活条件"的看法是狭隘的、片面的，甚至是完全错误的。因为在马克思看来，人们的物质生活条件是为他们的活动所改变的，而且其中既包括他们现成地得到的物质条件，也包括由他们自己的活动创造出来的物质条件。没有这种物质生活条件的改变和创造，甚至根本就谈不上历史；历史的前提是"现实的个人"，而现实的个人既是他们的活动又是他们的物质生活条件。排除了前者，我们就只能设想动物的生存条件，因而只能设想动物的"历史"；排除了后者，人们的活动就将蜕变为"自我意识"之类的"纯粹活动"，因而只能设想思辨思维的"历史"。现实的历史——人类历史的第一个前提无疑是"有生命的个人的存在"，因而这些个人的肉体组织以及受肉体组织制约的他们与自然界的关系就构成为历史的"自然基础"；但是，为了使人类生存的第一个前提实际地成为历史的第一个前提，那么单纯的"自然基础"显然是不够的："任何历史记载都应当从这些自然基础以及它们在历史进程中由于人们的活动而发生的变更出发。"

这个出发点的性质无疑是根据生产劳动来确定的。因为生产劳动不是别的，正是人类生命的自然基础以及这一基础在人们的活动中所发生的变更。而且不消说，这个出发点是彻底唯物主义性质的，正像人们的物质生活条件是感性的、物质的条件一样，人们变更这些条件的活动同样是感性的、物质的活动。正像非感性的活动不可能直接改变感性对象一样，只有马克思所说的"物质实践"才可能同时是物质生活条件的改变。因此，这样的历史前提——作为物质的生活条件以及这些条件由感性的、物质的活动所发生的改变——"可以用纯粹经验的方法来确认"。

现实的个人使自己和动物区别开来的"第一个历史行动"就在于他们开始生产自己所必需的生活资料；而这种生活资料的生产，同时也就是人们的物质生活本身的生产。马克思把现实主体的生产生活，称为历史的"世俗基础"。对这个"世俗基础"（亦即现实的前提）的分析表明为以下几点：①既然历史只能是现实的人或现实的人类的历史，那么为了创造历史，人们就必须能够生活；然而为了生活，就必须要有不可或缺的生活资料，从而生产满足这些需要的资料乃成为一切历史的基本条件。②人们的生产生活必须不间断地持续下去：生产满足着需要，同时也生产着——再生产并且新生产着要："已经得到满足的第一个需要本身、满足需要的活动和已经获得的为满足需要而用的工具又引起新的需要。这种新的需要的产生是第一个历史活动。"③人类自身的生产，即繁殖，直接就是家庭——夫妻之间的关系、父母和子女之间的关系；起初家庭作为唯一的社会关系，代表着社会关系的自然地产生，在此基础上又有新的社会关系的生成和变动。

通过对以上三个方面的总结，马克思得出，生命的生产本质上既是个体对自己生命的延续，又是以生育的形式产生新生命的生产。虽然是两种不同的形式，但是两种生命的生产都会立即呈现出"自然关系"和"社会关系"两种双重关系。在这里需要再次指出的是：马克思所谓的"关系"，乃是主体与对象的感性活动的对象性关系，而并不是感性直观的那种对象性关系。如果说，在感性的范围内，主体可能具有的最一般的对象是感性的自然界和作为对象的主体本身（感性的人），那么，按照感性—对象性的原理，现实的主体就必须依据于它同对象的双重关系——人同自然界的关系、人同人的关系来确定。进而言之，按照感性活动的原理，现实的主体还必须依据于这种双重关系的活动形式，亦即依据于它同对象之不断改变着的、能动的双重关系——人同自然界的活动的关系、人同人的活动的关系来确定。我们看到，在费尔巴哈那里，人与自然的关系、人与人的关系依照对象性的原理被一般地指示了出来，并以单纯直观的形式空疏地表述了这种关系；而在马克思那里，感性活动的本体论定向不仅一般地承诺了感性对象性关系的初步理解，而且整个改变了这种关系的内部结构，从而使原则在科学方面的要求能够实现为生动的、具体的、内容丰富的规定。于是，根据感性活动的原则，关于主体之现实性的规定便成为能动的、历史的规定；它表现为以下两个方面之感性活动的对象性关系：①人对自然的关系；②人对人的关系。或如马克思所说："人类活动的一个方面是人改造自然；另一个方面，是人改造人……"

虽说生命生产所表现的双重关系——自然关系和社会关系并不全然等同于人对自然的关系和人对人的关系（这是两种不同的区分），然而这两种区分又是依照同一原则而密切地联系在一起的。正像人对自然的关系既可以是自然关系也可以是社会关系一样；人对人的关系同样既可以是自然关系也可以是社会关系。但是作为关系，作为主体对对象的现实关系，它们都是按照感性活动的本体论原则被设定、被理解的，而且都在现实个人的"生命的生产"或在"人类活动"中不可分割地统一起来。

就这种关系之区分的统一而言，马克思说，社会关系意指"许多个人的合作"，而它作为一定的共同活动的方式，始终与一定的生产方式（一定的工业阶段）相联系。在这里，"生产方式"概念是特别重要的，因为它十分明确地体现着现实主体的自然关系和社会关系的统一，体现着人对自然的关系和人对人的关系的统一。"这种生产方式不应当只从它是个人肉体存在的再生产这方面加以考察。它在更大程度上是这些个人的一定的活动方式，是他们表现自己生活的一定方式、他们的一定的生活方式。"简而言之，所谓生产方式无非就是为社会历史所中介的人类生活得以实现的自然必然性（生产劳动）。正是在这个意义上，马克思直接把生产活动称为"社会活动"，把前面分析的三个要点规定为同一个"社会活动"的三个方面。

这种"社会活动"就是历史的现实根据，就是人的"意识"或"精神"的现实基础。因此，马克思把人们之间的社会关系称为"物质联系"，把这种联系理解为由需要和生产方式决定的；而所谓历史，就是这种社会关系的过程和发展。在对于历史的总的理解上，特别是在对于各种理论产物和意识形式的理解上，这种历史观表明自身"始终站在现实历史的基础之上"，表明自身和唯心主义历史观不同：它从直接生活的物质生产出发阐述现实的生产过程，把同这种生产方式相联系的、它所产生的交往形式即各个不同阶段上的市民社会理解为整个历史的基础，从市民社会作为国家的活动描述市民社会，同时从市民社会出发来阐明意识的所有各种不同理论的产物和形式，如哲学、道德，等等，而且追溯它们产生的过程。

不难看出，这种历史观的基本原理主要将"历史的现实前提"把握为两个基本方面，即"生产"和"社会"。如果说历史的主体是人，而人的现实性既在于生产又在于社会，那么，关于历史的现实理解就正需从这两个方面来加以研究和具体化。就感性活动的本体论原则而言，历史主体的现实性的第一个规定来自于对自然的关系——这种主体对对象的现实关系、人对自然的活动的关系，就是生产劳动，所谓生产劳动使人与动物区别开来，就是这个意思。人在生物学上的自然存在是动物的存在，而人之所以为人的自然存在（所谓"人类生活得以实现的自然必然性"）则是生产劳动。

此外，历史主体的现实性的另一个规定取决于人对人的关系——这种主体对对象的现实关系、人对人的活动的关系，就是社会。由于社会本身被理解为由活动原则所贯彻的东西，所以马克思一方面把"现实的个人"看作为特定的社会关系、为非常具体的阶级关系所制约和决定的；另一方面，又把特定的社会关系或阶级关系看作为人们的活动所改变、所创造的。这种包含生产劳动于自身之中的社会活动、这种包含人对自然之关系的人对人的关系的不断改变，就是现实的历史本身，确切来说，是现实历史的基本骨干。

（二）人类历史与共产主义

就共产主义学说而言，只是由于唯物主义的历史观，共产主义的"社会理想"或"社会目的"，才不仅同历史发展的现实前提相联系，而且在分析资本主义社会矛盾的过程中，为自己找到了作为社会变革的历史基础。因此，对于新世界观的缔造者——马克思和恩格斯来说，共产主义并不是某种抽象的、脱离当下社会物质生活条件的主观空想或愿望，而是从现有的前提出发、从现存世界的矛盾运动中产生的变革要求；是这种要求在实践中的付诸实行，因而是无产阶级为消灭资本主义而进行的现实的历史运动。正像马克思后来在《资本论》的草稿中所说明的那样：共产主义之所以是当代社会生活之唯一现实的目的，不仅在于它要求"全面变革"，而且要求"全面变革的物质因素"定的生产力以及"反抗旧社会所依据的'总和活动'的革命群众"；不仅要求"摧毁现存一切的基础"，而且要求把现存的一切理解为使"摧毁"成为可能的前提和条件。

马克思认为，全面变革需要一定的物质因素，其中包括当代社会及其现存生产力、资本主义大工业和交往形式矛盾等。在对旧制度进行了根本否定之后，现代资本主义工业自身矛盾也在不断扩大，它自己也为对于自身的再次否定准备了一定的"物质因素"。

①大工业虽然能够大量地制造出生产力，但是在这种私有制之下却严重制约了生产力的发展。就像是以前小规模的乡村生产制约手工业，社会制度制约工厂手工业。但是如果生产力只能得到片面的发展，那么对大多数人来说无疑是一种破坏。②大工业发展之后在一定程度上使历史逐渐变成了全世界的历史。这样使各民族失去特殊性，社会各个阶级的关系也变得相似。但是却又像资产者拥有私人利益一样，各民族的资产阶级仍然还有特殊的民族利益。③大工业创造了现代无产阶级，本来这个应该使资本主义关于生产的必要条件或者说是前提和生存的基础，但是现在却成了一个与之对立并且从原来的旧世界脱离出来的阶级。产生这一情况的原因是大工业让劳动和工人与资本家的关系都变得让人无法忍受起来。

由此可见，共产主义这样一种"消灭现存状况的现实的运动"，其条件"是由现有的前提产生的"。这一点从分工方面来看是最容易理解的。在分工的历史进程中，一方面，造成了巨大的生产力——"受分工制约的不同个人的共同活动产生了一种社会力量，即扩大了的生产力"；另一方面，分工又造成了这种社会力量与个人的巨大分离——由于共同活动本身只是自发地形成的，所以这种社会力量"在这些个人看来就不是他们自身的联合力量，而是某种异己的，在他们之外的强制力量"。因此，在分工的发展中所产生的社会分裂，分配和所有制、个人利益和共同利益之间的矛盾，以及种种"共同体的形式"等，在成就或创造出巨大的物质力量的同时，却只是表明为一种"统治我们、不受我们控制、使我们的愿望不能实现并使我们的打算落空的物质力量"。

这种"异化"只有在具备了两个实际前提之后才会消灭。这两个前提是：①由异化的力量把人类的大多数变成完全"没有财产的"人，即无产者；②无产者又同"现存的有钱的有教养的世界"相对立，亦即同私有者的世界相对立。如果说分工曾经造成了生产力的巨大增长和高度发展，那么很显然，变革的条件也正是以分工的高度发展所产生的巨大生产力为前提的。只有异化本身发展为一种巨大的力量，它才可能为这种异化的扬弃提供出变革的力量；只有使这种异化本身发展为一种"不堪忍受的"力量，它才实际地成为革命所要反对的力量。因此，生产力的高度发展之所以是变革的"绝对必需的实际前提"，不仅是因为若无这种发展，则只会有贫穷的普遍化，而在极端贫困的情况下，一切陈腐的东西又要死灰复燃；而且还因为若无生产力的这种普遍发展，则人们之间的普遍交往就不可能真正建立起来，从而共产主义就只能作为某种地域性的东西而存在。

因此，概括地说来，在私有制条件下造成普遍异化的大工业本身，也为消灭异化创造出物质的因素或客观的条件。因为正是大工业所造成的巨大的、社会性质的生产力，使私人占有的私有制成了它进一步发展的桎梏；并且正是大工业创造出这样一个阶级，即一个真正同整个旧世界脱离并与之对立的阶级。在私有制的历史渊源中，逐渐孕育并形成了资本主义交往形式的决定性的物质基础；而在大工业和资本主义竞争中，社会的一切生存条件归结为两种最简单的形式，即劳动和私有财产。在这样的前提下，共产主义革命的现实内容就是创造一种同发展起来的生产力的总和以及这种生产力的社会性质相适应的共同体形式；而现代无产阶级，由于它同生产资料完全分离，则只有通过这一革命才能使自身获得解放。

共产主义从马克思和恩格斯的角度来看，首先，它利用和创造现有的物质条件使其为社会联合提供条件，这就要求共产主义需要将自己最重要的任务确定为废除私有制，并且进一步消灭所有的阶级统治。其次，共产主义革命是总体而又全面的。它将人们生活的所有领域和所有制都进行了一种彻底的革命性的变革。所以共产主义并不是一般的历史变革，它拥有与以往完全不同的社会内容，是要彻底消灭私有制而不是找来另一种私有制将其替代。而且它要求在社会生活中，个人能够进行充分完整的发展，也就是可以真正进行自主活动。最后，它还是以一种与"虚幻的共同体"或"冒充的共同体"相对立的，以自由个人的联合为基础的"真正的共同体"。

正是依据这样的共产主义学说，马克思和恩格斯对以赫斯、卡尔·格律恩以及库尔曼为代表的"真正的"社会主义进行了批判。在这些"真正的"社会主义者看来，正如自然界给植物提供了较好的发展条件一样，社会也应该为个人提供较好的生存条件，而原始时期的情形就是如此。另外，对于"真正的"社会主义者来说，个人和社会等只是一些抽象的范畴，从而个人和社会的关系等也不过是一些范畴之间的关系。因此，他们一方面像思辨的哲学家那样，宣称社会矛盾归根到底只是一些观念的对立，而这些对立是可以而且应当通过精神的途径来解决的；另一方面，他们又和空想主义者或改良主义者一样，主张社会问题的解决用不着政治经济的和社会的深刻革命，而只要通过劳动组织，特别是通过教育、训练、博爱的普及，便可以达到一种符合人的类本质的和谐生活。

因此，针对这种立场，马克思和恩格斯指出，"真正的"社会主义无非是思辨哲学、浪漫主义和各种社会主义空谈的大杂烩。这种学说不仅具有华而不实的空谈倾向，而且具有思辨的、感伤主义的倾向。这个派别的代表人物的著作，是写给一些被哲学的神秘之光所照耀的人们看的；他们完全置无产阶级的阶级斗争于不顾，而把社会主义归结为一种所谓符合于人的"类本质"的抽象的共同体观念，归结为关于"真正的社会"的无谓思辨。

马克思和恩格斯对"真正的"社会主义的批判，就其更为深广的意义而言，不仅是对德国流行的一种社会主义派别的否定，而且是对这一派别之学说的唯心主义历史观的否定，因而同时也是对一般空想主义的原则的否定。正是在这种否定的过程中，马克思和恩格斯肯定地阐发和论证了一种新的、建立在唯物主义历史观基础之上并与之统一的共产主义学说。这种新的共产主义学说——作为科学的共产主义学说之初步形成的基本特征，就在于它一方面诉诸历史发展的客观过程，亦即在现实历史的运动过程中，揭示共产主义取代资本主义的历史必然性；另一方面，它诉诸无产阶级，也就是说，它把无产阶级由于其生存境况而进行的革命的阶级斗争，看作达到共产主义的必由之路。

第三章 马克思主义人的本质与全面发展教育

第一节 人化自然与生态文明教育

一、马克思的人化自然思想

人化自然观是马克思主义哲学的重要组成部分。在《1844 年经济学哲学手稿》《关于费尔巴哈的提纲》《资本论》等著作中，马克思较为全面地阐述了人化自然的思想。他将自然作为人认识和改造的对象纳入人的活动范围来研究和考察，并以实践为人与自然的原初关联，阐释了自然的社会、历史属性，为正确处理人与自然的关系提供了"锁钥"。作为人类对自然界认识的重大飞跃，马克思的人化自然思想对现代生态文明建设具有重要的引导作用，也为现代思想政治教育规定了不可或缺的内容。

（一）自然界包括自在自然和人化自然

马克思认为，自然界包含自在自然和人化自然两部分。其中，自在自然是指独立于人类活动之外，或者尚未被人类活动作用过的自然界，包括人类产生之前存在的自然界和虽然产生于人类诞生之后但人类活动尚未涉及的那部分自然界。自在自然是客观实在，自发地进行着运动变化。而且，外部自然界作为人的母体和人类感性活动的物质前提，其"优先地位仍然会保持着"。人类的劳动一旦对象化、物化在外部自然界上面以后，它就成了外部自然界的一个组成部分，对于人类而后的感性活动，对于下一代人来说，又作为预先存在的外部自然界出现，又作为他们的感性活动的物质前提出现，从而对于人类的感性活动始终具有"优先地位"。

相对于自在自然，马克思认为人化自然是"人的本质的客观地展开的丰富性"，指被打上了人类活动的烙印的那部分自然和纳入了人的认识范围的那部分自然。对于人类来讲，人化自然即"在人类历史中即在人类社会的产生过程中形成的自然界是人的现实的自然界；因此，通过工业——尽管以异化的形式——形成的自然界，是真正的、人类学的自然界"，而"被抽象地孤立地理解的、被固定为与人分离的自然界，对人说来也是无"。

作为人的劳动实践作用于客观自然界的产物，人化自然包括人类改造自然的直接的物质成果和精神成果。在马克思的视野中，人化自然是"人的自然化"和"自然的人化"的辩证统一。首先，"人直接地是自然存在物"。在《1844年经济学哲学手稿》中，马克思指出了自然界之于人类的重要意义，即自然界既是人的改造对象，又是人的生存基础，自然界为人类的生存、发展提供前提性的条件，"没有自然界，没有感性的外部世界，工人就什么也不能创造"。人作为能动的自然存在物，虽能够以实践创造对象世界，即改造无机界，并在改造自然中使自身不断得到改造、日臻完善，但是，"人作为自然的、肉体的、感性的、对象性的存在物和受限制的存在物，也就是说，他的欲望对象是作为不依赖于他的对象而存在于他之外的"，人类认识、改造自然的活动必须遵循自然界发展的客观规律才能顺利进行。其次，作为大自然的杰作，人"懂得按照任何一个的尺度来进行生产，并且懂得怎样处处都把内在的尺度运用到对象上去"。"人化"充分体现了人类改造自然和利用自然的创造力量，是人工自然中人类独特的本质体现。"人化"体现着人类独特的生存方式。从实践的层面来讲，"自然的人化"意味着人类通过自己的实践活动对自然界进行认识、改造和征服，使自然为己所用；在认知的层面上，则指自然界按照人的生理和心理特点对人呈现人所认知的面貌。或者说，自然界的面貌其实是人的感官结构和心理结构的特点、属性的一种对象化，是人的本质力量的对象化。

马克思反对把人和自然对立起来，主张两者的辩证统一。同为客观实在，自在自然和人化自然间是一种辩证统一的关系。经由劳动实践之中介，自在自然这个"自在之物"日益转化成"为我之物"。在人化自然中，自然不仅保持着天然的物质本性，而且被打上了人的烙印；不仅具有客观实在性，而且具有社会历史性。

（二）人化自然是人类实践活动的产物

在马克思看来，自然始终是人的活动的产物，所以对人类实践活动的考察与研究成为贯穿其人化自然思想的一条主线。而对于"实践"概念的理解，马克思在《1844年经济学哲学手稿》中认为主要是指劳动实践，尤其是指工业劳动的实践。在《关于费尔巴哈的提纲》中，他则通过剖析费尔巴哈以及旧唯物主义的基本特征及其重大缺陷，对其做了进一步阐释：实践指的是人的感性活动，是一种主体的对象性活动，实践的意义在于改变世界。

马克思认为，人的实践活动是人与自然统一的基础，人类实践活动所指向的是现实的而非抽象的自然界。在《1844 年经济学哲学手稿》《德意志意识形态》《关于费尔巴哈的提纲》等著作中，马克思批判了黑格尔、费尔巴哈的抽象的非实践性的自然观。他指出，对黑格尔来说，"整个自然界不过是在感性的、外在的形式下重复逻辑的抽象而已。他重新分析自然界和这些抽象。因此，他对自然界的直观不过是他把自然直观抽象化的确证活动，不过是他有意识地重复的他的抽象概念的产生过程"，这样做的结果是使"现实的人和现实的自然界不过成为这个隐秘的、非现实的人和这个非现实的自然界的宾语、象征"，并未能为现实的人与自然的统一找到现实的基础。而在费尔巴哈那里，虽然他批判了黑格尔的唯心主义观点，但是却把自然看成亘古不变的纯粹自然，而人仅仅是一种自然物、自然界的一部分，由此，自然界本身就是人与自然统一的基础。马克思强调，将人与自然统一起来的既不是黑格尔的抽象的绝对理念，也不是费尔巴哈的直观的自然界，而是人的现实的劳动实践，"是人以自身的活动来引起、调整和控制人和自然之间的物质变换的过程"。"这种活动、这种连续不断的感性劳动和创造、这种生产，正是整个现存的感性世界的基础，它哪怕只中断一年，费尔巴哈就会看到，不仅在自然界将发生巨大的变化，而且整个人类世界以及他自己的直观能力，甚至他本身的存在也会很快就没有了。"

在上述基础上，马克思进一步阐述了人化自然的实践特性。他指出，现实的自然界就是在人的实践活动中形成的自然界，只有进入人类实践活动范围的自然，也就是人化自然，对人而言才有意义。他说，"单纯的自然物质，只要没有人类劳动物化在其中，也就是说，只要它是不依赖人类劳动而存在的单纯物质，它就没有价值，因为价值只不过是物化劳动"。关于这一点，马克思早在《1844 年经济学哲学手稿》中就指出过，"被抽象地理解的，自为的，被确定为与人分隔开来的自然界，对人来说也是无"。此外，他还通过对自然科学实践性的剖析，充分展现了其人化自然观的实践性。他认为，实践为自然科学提供材料来源和实现其社会功能的途径，规定了自然科学的研究范围、方法及内容。因此，实践性同样是自然科学的重要特征。

必须看到的是，在人类以劳动实践改变自然的过程中产生了人与自然的对立，并进而形成了人与人之间的对立，马克思谓之为"异化"。在《1844 年经济学哲学手稿》中，马克思提出了"劳动异化"的概念。借助于对劳动实践社会性特征的阐释，他揭示了资本主义社会中资本与劳动的对立，挖掘到了人与自然异化的根源。马克思鲜明地指出，"人的本质是人的真正的社会联系，所以人在积极实现自己本质的过程中创造、生产人的社会联系、社会本质"。因此，劳动实践不仅是一种以自然存在为前提的对象性活动，它还是社会性活动。但是，在以私有制为基础的资本主义社会中，劳动者同其产品和劳动活动相异化，进而导致了人的社会本质的异化和人与人关系的异化，人与自然的本质断裂由此出现。马克思指出，资本主义生产高额利润的不断追求必然地导致对自然生态平衡的破坏，加剧人与自然之间的对立，使生态问题更加突出。只有实现共产主义，消灭私有制和不合理的社会分工，才能消除异化劳动，从而实现人与自然的和谐。

二、恩格斯关于人与自然关系的思想

人与自然的关系问题，一直是恩格斯研究和探讨的重要领域。但与马克思重在从社会生活、历史发展的角度揭示人与自然关系的发展状况不同，恩格斯主要从自然史的角度，从自然界不断发展演进的客观规律的角度进行了对人与自然关系内在性质的考察，提出人作为"自然界的产物"，与后者具有内在的一体性，人类劳动必须遵循自然规律以避免大自然的报复等。恩格斯的上述思想主要体现在《英国工人阶级状况》《自然辩证法》《反杜林论》《路德维希·费尔巴哈和德国古典哲学的终结》等著作中。

（一）人是始终属于自然界的

在相当长的一段时期内，西方往往是把人与自然环境理解为相互对立的双方，并且只强调人类对于自然环境的单向作用关系，视自然界为人类征服的对象，而忽视了被人类作用过的自然环境对于人类的反作用。这种思想在近现代以来西方工业化兴起的时代特别明显，西方国家率先进行的工业化从自然界中获取了大量的物质财富，工业化也被认为是人类征服自然界的巨大胜利。但是，恩格斯始终将人与自然作为一个复杂的对立统一体加以把握。一方面，他认为自然界对于人具有原初性、基础性，是人类生存和发展的物质源泉。在《反杜林论》中，他明确指出："人本身是自然界的产物，是在自己所处的环境中并且和这个环境一起发展起来的。""我们每走一步都要记住：我们统治自然界，绝不像征服者统治异族人那样，绝不是像站在自然界之外的人似的，相反地，我们连同我们的肉、血和头脑都是属于自然界和存在于自然之中的。"与近代理性主义的思想家所秉持的反自然主义观点完全不同，恩格斯认为科学的人与自然的关系首先应该是人属于自然，并内在地统一于自然界。他批判把人类与自然界对立起来的反自然的观点，强调人与自然界的一致性，并且认为人类实践得越多，便"越是不仅再次地感觉到，而且也认识到自身和自然界的一体性，而那种关于精神和物质、人类和自然、灵魂和肉体之间的对立的荒谬的、反自然的观念，也就越不可能成立了"。

另一方面，恩格斯认为人类与生存于其中的自然界共生共荣，必须保护自然，维护地球生命保障系统的良性运转，如果损害了自然，也就等于损害了人的生存基础。他指出，人与其他动物的最终的本质的差别就在于，"动物仅仅利用外部自然界，简单地通过自身的存在在自然界中引起变化；而人则通过他所做出的改变来使自然界为自己的目的服务，来支配自然界"。当然，人类的活动必须遵循自然规律，"我们对自然界的全部统治力量，就在于我们比其他一切生物强，能够认识和正确运用自然规律"。恩格斯强调，正是通过自身与自然界关系的长期历史实践，人类获得了对人与自然关系的科学认识，"我们一天天地学会更正确地理解自然规律，学会认识我们对自然界的习常过程所做的干预所引起的较近或较远的后果"。

（二）劳动创造了人并使人在自然界打上自己的印记

在《劳动在从猿到人转变过程中的作用》一文中，恩格斯运用了生物进化论这一19世纪自然科学发展的最新成就，详细论述了人类如何通过劳动从猿发展而来。他指出，直立行走"迈出了从猿转到人的具有决定意义的一步"，而"手变得自由了，并能不断获得新的技能"，由此获得了较大的灵活性。"随着手的发展、随着劳动而开始的人对自然的统治，随着每一新的进步又扩大了人的眼界。"进而，语言"从劳动中并和劳动一起产生出来""和劳动一起，成了两个最主要的推动力，在它们的影响下，猿脑就逐渐地过渡到人脑"。所以恩格斯认为，劳动的作用远不止于"把材料转变为财富"。"它是一切人类生活的第一个基本条件，而且达到这样的程度，以致我们在某种意义上不得不说：劳动创造了人本身。"而"人类社会区别于猿群的特征在我们看来又是什么呢？是劳动"。

劳动造成了人与动物的本质性的差别，只有人才能在地球上打下自己的意志的印记。与动物无意地、偶然地对周围环境产生持久的影响不同，"人离开动物越远，他们对自然界的影响就越带有经过事先思考的、有计划的、以事先知道的一定目标为取向的行为的特征"。当然，这并不意味着人类劳动对自然界可以恣意妄为。一方面，正如恩格斯所揭示的，劳动只有和自然界在一起，它才是一切财富的源泉，"自然界为劳动提供材料，劳动把材料转变为财富"。另一方面，正是在"一天天地学会更正确地理解自然规律，学会认识我们对自然界的习常过程所做的干预所引起的较近或较远的后果"的过程中，人们"不仅再次地感觉到，而且也认识到自身和自然界的一体性，而那种关于精神和物质、人类和自然、灵魂和肉体之间的对立的荒谬的、反自然的观点，也就越不可能成立了"。

（三）人类对自然界的征服会受到自然界的报复

19世纪，逐步席卷英、法、美、德等资本主义国家的工业化，在带来社会生产力高度发展的同时，也造成了对人类生存环境的严重污染，在局部范围内甚至造成了一定的生态破坏。对此，恩格斯深感忧虑，向人们发出了警告："我们不要过分陶醉于我们人类对自然界的胜利。对于每一次这样的胜利，自然界都对我们进行报复。"

恩格斯具体分析了资本主义大生产造成的环境污染和生态破坏，以及由此给社会最底层的工人阶级的健康、生存带来的严重危害。他还提到，在英、法、美、德等主要资本主义国家，存在着地力耗损、森林消失、气候改变、江河淤浅等环境问题："关于这种惊人的经济变化必然带来的一些现象……所有已经或者正在经历这种过程的国家，或多或少都有这样的情况。地力损耗一如在美国；森林消失一如在英国和法国，目前在德国和美国也是如此；气候改变、江河淤浅在俄国大概比其他任何地方都厉害。"借助于大量事实，恩格斯揭示出人类改造自然后果的双重性："美索不达米亚、希腊、小亚细亚以及其他各地的居民，为了得到耕地，毁灭了森林，但是他们做梦也想不到，这些地方今天竟因此而成为不毛之地，因为他们使这些地方失去了森林，也就失去了水分的积聚中心和储藏库。阿尔卑斯山的意大利人，当它们在山南坡把在山北坡得到精心保护的那同一种根树林砍光用尽时，没有预料到，这样一来，他们就把本地区的高山畜牧业的根基毁掉了；他们更没有预料到，他们这样做，竟使山泉在一年中的大部分时间内枯竭了，同时在雨季又使更加凶猛的洪水倾泻到平原上。在欧洲传播栽种马铃薯的人，并不知道他们随同这种含粉的块茎一起把瘰疬症也传播进来了。"由此，恩格斯得出结论："每一次胜利，起初确实取得了我们预期的效果，但是往后和再往后却发生完全不同的、出乎预料的影响，常常把最初的结果又消除了。"

在认识根源上，只要人类的生产发展摆脱不了盲目必然性的制约，必然使人类为自身的整体发展支付包括个体牺牲甚至整个社会完全牺牲的沉重代价。在社会根源上，人们只着眼于劳动的最近的、最直接的效益，而忽视了长期的社会影响。"到目前为止的一切生产方式，都仅仅以取得劳动的最近的、最直接的效益为目的。那些只是在晚些时候才显现出来的、通过逐渐的重复和积累才产生效应的较远的结果，则完全被忽视了。"恩格斯剖析道："在西欧现今占统治地位的资本主义生产方式中，这一点表现得最为充分。支配着生产和交换的一个个资本家所能关心的，只是他们的行为的最直接的效益。不仅如此，甚至连这种效益——就所制造的或交换的产品的效用而言——完全退居次要地位了；出售时可获得的利润成了唯一的动力。"这样做的恶果是，即使生产力遭到摧残，也使自然遭到破坏。对此，人类应深刻反省，吸取教训，转变观念，努力实现与自然的和解。

（四）实现人与自然、人与人的和解

在《政治经济学批判大纲》中，恩格斯提出了"两个和解"的思想，即"我们这个世纪面临的大变革，即人类同自然的和解以及人类本身的和解"。"人类同自然的和解"在本质上就是人与自然界之间的和谐互动过程，即"人同自然界地完成了的本质的统一"。一方面是自然界向人的生成，指人有目的、有计划地通过劳动实践从自然界获取自身生存和发展的物质必需。在从自然界的第一次提升中，人通过所做出的改变来使自然界为自己的目的服务，支配自然界。另一方面是人向自然界的融化，即人通过劳动实践广泛掌握和同化自然力，用各种自然物的属性来丰富和充实自己的生命活动，使自己能力的提高和发挥根植于自然系统的演化之中。人与自然的同质性决定了人与自然和解的可能性，人与自然的差异性决定了人与自然和解的现实性。要实现"人类同自然的和解"，首先人在观念上须把自己作为自然的存在物，而非站在自然之外甚或凌驾于自然之上去统治和主宰自然，必须辩证地把握合规律性与合目的性，追求自然生态文明和社会生态文明的统一。

"人类同自然的和解"根本上决定于"人类本身的和解"，即人与人、人与社会关系的和谐互动。马克思恩格斯洞悉了资本主义社会发展的根本所在，提出，"需要对我们的直到目前为止的生产方式，以及同这种生产方式一起对我们的现今的整个社会制度实行完全的变革"。只有用社会主义制度取代资本主义制度，用社会主义生产方式取代资本主义生产方式，才能把人自身从自然和社会条件的束缚中解放出来，从资本主义悲惨的境遇中解放出来，最终把人的世界和人的关系还给人自身。

"两个和解"相互影响、相互制约，具有内在的统一性，"人类同自然的和解"是"人类本身的和解"的物质基础，"人类本身的和解"是"人类同自然的和解"的社会前提，只有人与人关系和谐、协调，才能真正解决人与自然的矛盾。正如马克思所言，"共产主义，作为完成了的自然主义，等于人道主义，而作为完成了的人道主义，等于自然主义，它是人和自然界之间、人和人之间的矛盾的真正解决，是存在和本质、对象化和自我确证、自由和必然、个体和类之间的斗争的真正解决"。在未来的共产主义社会，人与人、人与社会的异化现象彻底消除，"两个和解"将成为真正的现实。到那时，"社会化的人，联合起来的生产者，将合理地调节他们和自然界之间的物质变换，把它置于他们的共同控制之下，而不让它作为盲目的力量来统治自己；靠消耗最小的力量，在最无愧于和最适合于他们的人类本性的条件下进行这种物质变换"。

三、生态文明教育是现代思想政治教育

生态文明是人类文明的新发展，其建设是涉及整个社会文明形态的深刻变革。现代思想政治教育应承担起生态文明教育之责任，深入探究生态文明教育的基本内容，细致探索生态文明教育的有效形式，大力普及生态文明理念，努力在全社会形成生态文明价值取向

和正确的生产、生活、消费行为，为生态文明建设夯实基础。

（一）生态文明教育是现代思想政治教育的重要内容

生态文明教育的目的是培养和训练社会成员的行为，克服和改变目前人类破坏生态、伤害生态并最终使自身生存环境恶化的行为模式。从价值角度看，它与思想政治教育同构，却又独辟蹊径，着眼于通过实现人与自然的统一来推进个体的全面发展，通过实现人类与自然界的和谐来推进社会全面协调可持续发展，由此赋予了现代思想政治教育崭新的内涵和更为充分的存在意义。

1. 生态文明教育是思想政治教育的新发展

在传统思想政治教育中，着重以集体主义、爱国主义、社会主义和共产主义为主旋律，以科学的世界观、价值观、人生观的培养为主要内容，教育重点更多地集中在教会教育对象如何调整人与人之间的关系、如何遵守人类社会形成的基本道德规范和法律规范。客观讲，传统思想政治教育所传输的这种传统的人际道德发挥了它特有的功能与价值，而生态文明教育则把道德适用范畴扩大了，将道德调整的范围扩展到代际人际关系、人与自然的关系，把道德诉求扩展到人类与自然生物和自然环境的方方面面，强调了生态伦理原则，极大丰富了思想政治教育的内容。故而在现时代环境污染、资源枯竭和生态破坏问题日趋严重，人与自然关系趋于恶化，甚至开始危及人类自身生存与发展的状况下，思想政治教育拓展功能，将人与自然的关系纳入视野，把生态文明教育纳入范畴，向教育对象传输符合全面协调可持续发展战略的生态文明意识，既是大势所趋，也是自身应有之义。究其实质，思想政治教育的内容始终应包括生态文明教育的内容，生态文明教育也应是思想政治教育理所当然的一个组成部分。作为服务于现实需要的教育活动，思想政治教育服务和服从于现时期工作中心的要求，在内容上与时俱进，一方面与时俱进地给自己增加了新的内容和活力，另一方面也使生态文明教育找到了主渠道，从而使生态文明教育的开展有了可靠的依托。

2. 生态文明教育有利于促进个体的全面发展

促进个体全面发展是思想政治教育的重要价值之一。在传统思想政治教育中，我们偏重于引导教育对象正确处理人与人、人与社会的关系，忽视了生态价值观的引导，教育效果一定程度上受到视野所限。而生态文明教育旨在帮助教育对象树立人与人关系的新理念，通过使人们树立与自然和谐共生的生态世界观，进而引导教育对象认识到，人与自然关系的协调，本质上仍取决于人与人关系的协调，人与自然的和谐共生最终依赖于异化的消除，依赖于共产主义的实现。可以说，生态文明教育能够帮助教育对象树立人与人关系的新理念，从根本上说是利他主义的，反映的是一种超越个人主义的人与自然和谐共存的新价值观念。生态文明教育要求人们把局部利益和整体利益、民族利益和全人类利益、当代人的利益和后代人的利益统一起来，产生一系列的责任、义务及行为准则，有利于培养人的宏观整体的道德思维，提高人的道德觉悟意识，提升人际道德境界。而这些都是与社会主义、共产主义的道德原则、目标相一致的，是集体主义、国际主义原则的拓展，为个体融入社会、适应社会提供了思想上的帮助与指导。

3. 生态文明教育有利于推进社会的科学发展

思想政治教育的一个重要任务，就是要培养教育对象形成符合特定时代的社会政治、经济和文化发展需要的思想政治观念和道德品质，并使之转化为人们内心的信念、品质和情操，形成良好的社会道德风尚和法治意识，推进社会和谐，促进社会发展。当前，自然界对人类的"报复"频繁，开展生态文明教育将引导人们走出人类中心主义的误区，科学看待人与自然的关系，充分理解自然对于人类的决定意义，学会在尊重客观规律的前提下改造自然和利用自然。社会成员对生态文明认识的提高和生态文明观念的牢固树立，必将促进经济建设与资源环境相协调、人口环境与社会生产力发展相适应，实现良性循环，走上生产发展、生活富裕、生态良好的科学发展之路。

（二）生态文明教育的主要内容

生态文明的核心是人与自然协调发展，与之相应，生态文明教育的开展应重点把握以下主要内容：

第一，马克思主义生态理论教育。马克思主义生态理论是生态文明教育的根基所在，应作为我国生态文明教育的重点内容，下大力气抓好、落实好。要引导社会公众了解并逐步深入理解马克思恩格斯对于自然界与人类关系的深刻剖析，明确人是"自然界的一部分"，清楚人的劳动实践可以改造自然，使其为人所用，但前提是必须遵循自然界的客观规律，否则人类将重蹈资本主义工业化过程中的覆辙，遭受自然界的报复，并付出巨大的代价。要通过马克思主义生态理论的教育使公众更加明晰：人与自然的对立本质上是人与人、人与社会的对立，人与自然的和谐共生依赖于社会生产方式的彻底变革。

第二，生态科学教育。生态科学知识是生态文明意识最首要、最基本的要素，是生态文明意识建立的基础和人们选择生态环保行为不可缺少的前提。现实生活中对自然科学的无知造成了人们生态文明意识的缺失。生态文明教育首先要把现代生态知识作为教育的基础内容，以此来提高人们生态科学的素养。要教育人类正确地认识自然、保护自然，知道什么是生态和生态问题，了解关于生态和生态问题的科学基础知识，着重于帮助社会成员认识生态和培养解决生态问题的技能，使公民自觉按照自然和社会的客观规律办事，找到自然与社会和谐发展的内在规律，实现马克思主义所强调的按照客观规律办事。生态科学教育还应涵括生态现状的教育，要使社会成员了解现时的资源状况、人口环境状况等，增强其忧患意识。

第三，生态环境法制教育。在我国的根本大法《中华人民共和国宪法》中有多条关于生态环境保护的规定，比如，国家保护和改善生活环境和生态环境，防止污染和其他公害。国家保障自然资源的合理利用，保护珍贵的动物和植物。禁止任何组织或者个人用任何手段侵占或者破坏自然资源。但是，就现实状况看，我国公民知法与守法、立法与执法之间尚存在较大差距，相当数量的公民生态环境法制知识缺乏，对自然进行肆意的掠夺和破坏。在执法人员方面，存在守法观念淡漠、执法意识和能力不足的现象，难以确保正确使用生态环境法律。公民的法律权威意识是生态环境法律制度的根基，必须通过宣传和普及环境法规，使公民明白对环境的权利和义务，以解决生态意识中"能做什么，不能做什么"的问题。

第四，生态道德教育。在我国传统文化中，道德一般有外在和内在两个解释维度，基于此，生态道德不仅指人类在自然界中生存所应遵守的生态规律及由此制定的规范的总和，更包括人依据自然的承受能力，以最优方式解决与自然关系的情感和自觉性。生态道德把道德行为的领域从人与人、人与社会扩展到了人与自然之间，将善恶、良心、正义、义务等道德观念应用到处理人与自然的生态关系中去，倡导人们以与自然一体的定位去主动承担自己对自然界的道德责任和义务。目前，生态道德教育应着重于社会成员生态伦理价值观的培养，教育其走出人类中心主义的误区，努力做到不以人的立场为出发点，不以人的利益为目的和单纯依人的意志任意改变自然界、改变世界。要教育社会成员尊重自然，敬畏生命，增强生态道德责任意识和义务感；要引导社会成员树立可持续发展的行为理念，清洁生产，绿色消费，坚守代内公正和代际公正。

第五，生态文明技能教育。生态文明教育既应包括相关生态知识的灌输和生态文明理念的传递，更需注重生态文明技能的教育和培养。当下，各种奢侈消费、劣质消费、一次性消费现象的普遍存在，以及人们无知状态下出现的资源浪费、生态破坏等，无不提醒我们：生态文明建设的实效在于先进理念支配下的卓有成效的行动，要重视对人们日常学习、生活中的生态文明教育，引导人们从自身做起，从现在做起，从小事做起，培养生态文明意识和生态文明行为习惯。可以通过细节展示、规范引导和行动建议等方式教会人们如何节约一度电、一张纸、一滴水和爱护每一棵花草树木，可以借助民间绿色组织的平台，针对受众的不同特点，发动其积极参与开展生动活泼的绿色环保行动，组织其亲近自然，最终达到培养、提高其生态实践能力的目的。

（三）不断创新生态文明教育的形式

生态文明教育的开展除了要遵循教育的共性方法之外，还应结合自身的特点挖掘特殊的教育形式。教育者应根据教育内容，立足教育对象的实际，有机借鉴思想政治教育的已有经验和模式，不断摸索、创新生态文明教育的形式。

首先，要抓好学校生态文明理论教育。生态文明教育要进学校、进课堂。目前，学校教育是我国生态文明教育的主要途径，教育方式上两种较为通用的做法：一是渗透式，即将生态文明教育渗透到相关学科及校内外的各种活动中，化整为零地实现生态文明教育的目的和目标。二是单一学科模式，即选取有关生态科学的概念、内容方面的论题，将之合并，进而发展成为一门独立的课程。我国的学校生态文明教育目前尚处于初级阶段，生态文明教育仅仅停留在零星的一些教育活动上，没有课程化、体系化，而且，受应试教育的影响，社会各界对生态文明教育的意义明显缺乏足够的认识，直接影响了生态文明教育目标的实现。

其次，要不断创新生态文明教育的实践形式。参与是生态文明教育中必不可少的环节，生态文明教育应坚持实践育人，引导教育对象运用所学到的生态环境知识，尝试解决具体的环境问题，在实践中培养其保护环境、解决环境问题的技能，使"知"落实到"行"上。

最后，在学校生态文明实践教育之外，社会公众生态文明教育实践的开展可以依托社区和民间团体，组织实施纵横结合的生态保护行动。可以发挥社区的引导和服务作用，组织开展环保科普宣传和日常环保活动。民间环保组织则可发挥自己在某一方面的独特影响和专长，利用环保节日等重大由头，开展专项环保活动。

第二节　人的本质与公民社会责任感的培育

一、承担社会责任是人的社会本质的必然要求

（一）人的社会本质揭示了人与人之间的依存关系

人的社会本质告诉我们，人是社会关系的产物。只有处于特定的社会关系中，人才能

成为真正意义上的人。不仅如此，人的社会本质还揭示了现实生活中人与人之间是相互依存的关系。这是因为，与动物不同的是，人的活动具有群体性、交往性、分工性和合作性。

1. 群体性

人的群体性是由个人能力的有限性决定的。一方面，人只有在群体中才能生存与发展。面对强大的自然，单个人是十分渺小的，人类个体的生命、自然力和思维也是十分有限的，单靠个人根本无法生活。在很多方面，人的能力甚至远远比不上动物。人为了自身的生存与发展，必须"以群的联合力量和集体行动来弥补个体自卫能力的不足"，弥补生产的能力、思维的能力等方面的有限性。所以每一个人，从来到人世间直至死亡，都不是孤立的存在，而是处于一定的社会关系之中，即在一定的群体中生活。在人类历史上，从原始社会到现代社会，每一个人也总是依附于一定的群体，进而实现自身的生存与发展。长期处于离群索居状态的人是不可能存活下去的。

另一方面，人只有在群体中才能获得人的本质。人的类本质在于劳动，但是劳动不是个人的劳动。生产劳动包括很多种：耕种、狩猎、人口的繁衍以及维护自身的安全等。但是这些劳动没有一样是个人能够完成的，必须结成一定的社会关系，在群体中进行。从人与动物的区别来看，这二者最大区别在于，动物离开了群体，仍然可以保持自己的本质，人却不能。一窝蜜蜂和一只蜜蜂只存在数量上的区别，而没有质的区别，蜜蜂的类特性也就是其个体的特性。人类个体和人类群体不仅存在数量上的差别，还有本质上的差异。这种差异就是人在群体中获得了人的存在性本质，这是孤立的人类个体无法做到的。因此，动物个体的本质是孤立的，每个个体即使离开了群体，其本质也不会发生什么变化。人的本质则是在群体中才能生成的。离开了群体，人就不具备人的本质。

2. 交往性

交往性是人的活动的社会属性的重要体现。无论对个人还是整个人类而言，交往都具有重要的意义。主要表现在：

第一，交往是生成人的本质的重要途径。动物生下来就获得了自己的本质。每一个动物个体，即使是孤立于群体之外，它的本质也还是存在的。但是人就不同。人的本质不是先验的，而是后天形成的。新出生的婴儿实质上不能算作真正的人。一个资本家如果离开了与雇佣工人的交往（主要是指雇佣与被雇佣的交往），他就不能获得本为资本家的本质；同样，一个雇佣工人如果不与资本家交往，他也就不能成为雇佣工人。所以人之为人的特性只有在与他人的交往过程中才能形成。交往是生成人的本质的重要途径，是人的本质的内在要求。

第二，交往是维持人类生存的重要手段。"交往实质上是人们在物质上和精神上相互交流信息，交换生产资料和劳动成果的活动。"这是由人类需求的广泛性、个体能力的有限性和差异性所决定的。社会中的人的能力千差万别，人与人之间的兴趣爱好也不尽相同。有的人擅长耕种，有的人擅长狩猎，有的人善于文学创作，还有的人善于理论批判。但是，人的需要又是相对比较广泛的。这就使人们在社会生活中必须互通有无、互济余缺，从而满足人们广泛的需求。因此，马克思说：个人以及他们的商品的天然差别成为这些人联合起来、建立他们之间的社会关系的动因。

第三，交往为人的发展创造条件。一方面，交往使人产生了语言和意识。意识和语言是实现人的发展的重要条件。它们都是交往的产物，是应交往的需要而产生的。正是在交往中，人开始认识自己、认识他人、认识世界，从而使人产生了对自身、对他人、对世界的意识。同时，由于交往的需要，也使语言最终得以形成。另一方面，通过交往，人类可以获得精神产品。这些精神产品包括文化经验、科学知识和社会规范。通过占有这些精神产品，人们不但能确立自己的世界观，形成某种信仰，养成生活的态度，还可以弥补自身的不足，使自身获得发展。

3. 分工性

人的合作以分工为前提，体现了社会关系对人的规定性。没有分工就没有合作，也不会有人与人的交往。人的分工性体现了不同的人或集体社会职能的不同，是人与人、集体与集体差异性的体现。每个人来到社会上，就先要加入一定的社会分工体系，承担一定的社会职能，履行一定的社会使命，扮演一定的社会角色，从而谋求自身的生存与发展。人的分工性是人的社会本质的重要方面，也是人的活动的重要特征。主要表现在：其一，分工体现了人所依附并受其制约的社会关系。个人参与社会分工，从而使自身必然处于一定的集团、单位等社会共同体之中。人与共同体的关系是一种依附关系。这种依附关系一方面使人具有归属性，另一方面体现了人的受制约性。这种归属性使人不再是孤立的个体，而是某个社会共同体中的一分子。因此，只有在共同体中，人才能获得归属感。同时，人与共同体的关系又使人的活动受到制约。个人必须在共同体的规定的范围内进行活动。人受共同体制约的关系决定了人们在社会活动中的地位，以及人的活动方式。这就使人的活动都带有集体的特性。特别是在阶级社会里，人与共同体的关系更多地表现为阶级性。因而，人是以某个阶级的成员的身份参与社会活动。这样就使人的活动带有阶级的色彩。其二，分工体现出不同人、不同集体的角色差异。分工使每个个体承担了不同的社会角色，履行着不同的社会职能。因此，个人在共同体中的地位也不尽相同，他所表现出的个性也不同。"由于个人必须按照本职能和本角色的要求来活动，从而便使他获得了不同的社会特征，这些社会特征对他来说是被规定的。"人的差异性是由分工造成的，也就是由人在共同体中的地位所决定的。

4. 合作性

在一般情况下，合作性与交往性是相辅相成的两个方面，在交往过程中必然伴随着人与人之间的合作，人们要想开展合作也必须进行交往。但是这二者还是存在着区别的。人的交往性主要体现在人与人相互作用的过程中。合作性则主要体现在人与自然相互作用的过程中，即人类能动地改造客观世界的过程中。人的合作性也是由人的有限性所决定的。马克思指出："社会关系的含义在这里是指许多个人的共同活动。"这里所说的"共同活动"就是指合作。这是因为，单个人的力量毕竟是有限的。人如果要实现自身的生存与发展，就必须合作，从而共同面对和解决生存和发展中的问题。正如马克思所说："不仅是通过协作提高了个人生产力，而且是创造了一种生产力，这种生产力本身必然是集体力。"所以说，人的合作性体现为一种能力或者一种集体的力量，这种力量大于部分之和，是维系人类生存的重要力量。

事实上，合作不仅发生在人与人之间，也广泛地发生在集体与集体之间。不同的集体作为不同的社会单位，也都有自身的局限性与特殊的职能。孤立的集体是很难生存下去的。所以人们常说，组织起来力量大，协作能够产生新的生产力。一个单位、一个部门、一个地区单独办不到的事情，几个单位、几个部门、几个地区组织起来，互相协作，就可以办得到。一个单位、一个部门、一个地区能够办得了的事，几个单位、几个部门、几个地区组织起来，互相协作，就可以办得更好更快。

由此可见，人的活动具有群体性、交往性、分工性和合作性。这些特性是使人类得以存在与发展的社会基础。人类活动的这些特性决定了在社会生活中，每一个人都是维系自身存在与发展的力量，进而也是维系他人和社会存在与发展的力量，人与人、人与社会是相互依存的关系。在人与人的交往中，每一个人都不仅为自身而存在，也为他人、为社会而存在。如果每个人都不担负起对共同体的责任和使命，分工与合作就无从谈起，那么这个群体就不复存在了，整个人类社会包括每个人的存在也就无从谈起。所以，每个人对他人和社会负责与对自身负责是统一的，人与人之间是一种相互依存的关系。

（二）人的社会本质决定每个公民必须承担社会责任

在实际生活中，个人既以他人与社会为需要的对象，也是他人与社会需要的对象。人的社会性本质说明了人与人、人与社会是相互依存的关系。这就要求每一个公民不能仅仅着眼于个人的生存与发展，还要承担起他人、社会存在与发展的责任，对他人和社会负责。公民要承担社会责任，既是由个人生存和发展的需要所决定的，也是由社会关系规定的，是人的社会本质的必然要求。

首先，只有承担社会责任，人才能成为一个完整的人。一个完整的人应当包括类本质和现实本质两方面的要求。但是，与动物不同，人的劳动不是个人的劳动，而是社会性的劳动。人只有先实现了社会本质，才能获得自己的类本质。因此，每一个公民只有承担了社会责任，履行了社会关系对自身角色的规定，才能使分工、合作、交往成为可能，从而产生了社会关系。正是在社会关系中，人才能从事生产劳动，才能获得自己的类本质。也正是在社会关系中，每一个个体才获得了人与人相区别的社会特性。这样的人不仅使自己具有类本质，同时也具有社会性本质。这样的人才是一个完整的人。所以，"没有任何承担、不负任何责任的东西，不是人而是物件"。

其次，只有承担社会责任，才能实现人的存在与发展。人在社会生活中，不仅要维护自身作为生命体的存在，也要实现自身的发展。但是，人的社会性本质说明了人与人之间是相互依存的关系。正如马克思所说："如果你不给你自己指定某种使命、某种任务，你就不能生活，不能吃饭，不能睡觉，不能走动，不能做任何事情。"由于个体存在能力等方面的差异性和有限性，单个人根本无法在社会中生存，更谈不上什么发展的问题。只有每个人都为他人和社会负责，才能有社会分工，才能有进一步的合作与交往。在分工、合作与交往中，人得以维持生命的存在，也实现了人的发展。正如英国哲学家塞缪尔所说："人们并不仅仅是只为自己而生存，除了为自己的幸福而生活外，他也为别人幸福而生存。每个人都有自己需要履行的职责。"因此，人的生存与发展是以每个人都承担社会责任为前提的。正是在这种"我为人人，人人为我"的社会关系中，每一个个体才能实现自身的生存与发展。

最后，只有承担社会责任，才能实现社会的存在与发展。承担社会责任不仅表现为履行社会关系对自身角色的规定，还包括对共同体的存在与发展负责。每一个公民只有承担了社会责任，才能实现社会的存在和发展。人由社会关系所决定，人的社会实践活动也改造着社会关系，对社会的存在和发展起着影响作用。社会的发展是由每一个人推动的。对每一个个体来说，他的社会生活基本上可以分成两个阶段。第一个阶段是学习掌握社会经验，也就是社会化的阶段；第二个阶段是作为社会化了的个体参与社会改造的阶段。当然，这两个阶段也不是绝对分立的。每个人能动地参与改造社会的过程，就是以联合起来的人类群体推动社会发展的过程。在这一过程中，人的积极性、主动性、个人能力以及道德水准都对社会的发展起作用。因此，在人与社会关系的问题上，人不是完全被动的。只有每一个公民都承担起维护社会发展的责任，社会才能向前发展。

所以现实生活中的每一个公民所承担的社会责任是由客观存在的社会关系所决定的。每一个公民既是需要的主体，也是需要的客体。因此，履行对他人和社会的责任是社会关系对每一个公民的规定和要求。这种社会责任既是个人生存的手段，也是社会发展的必要条件，是维系人与人、人与社会关系的纽带和桥梁。

二、培育公民社会责任感是思想政治教育的重要任务

（一）培育公民社会责任感的重要意义

社会责任感是维系人与人、人与社会关系的桥梁和纽带，是社会存在和发展的基础，是责任主体道德品质的根本体现。在新时期，培育公民的社会责任感有着非常重要的现实意义。

1. 培育公民社会责任感是实现人的全面发展的必然要求

思想政治教育的根本任务是实现人的全面发展。首先，所谓人的全面发展就是指："人以一种全面的方式，也就是说，作为一个完整的人，占有自己的全面的本质。"人的社会性本质决定着人必然要承担社会关系，具有社会责任感。人只有承担了社会责任，才能成为一个完整的人，才能实现人的全面发展。因此，培育公民的社会责任感是实现人的全面发展的应有之义。其次，人的全面发展是人的各方面素质的全面发展。人的素质包括德、智、体、美、劳等多方面的素质。其中，思想道德素质是首要的素质。如果一个人不具备良好的道德品质，即使有再多的知识、再强的体魄，也不能算作一个全面发展的人。社会责任感是公民道德品质的一个重要方面。"当人有强烈的权利感、责任感、义务感，就会有生活的热情、积极性和主动性，就能够关心别人、群体和社会，就敢于对自己的言行及后果负责，对自己的命运、前途负责，对自己生存的社会条件负责，就能体验到人生的乐趣、价值和意义；反之，人如果缺乏权利感、责任感、义务感，就会觉得人生淡而无味，没有乐趣、价值和意义，从而丧失生活的热情、信心和进取精神，成为精神空虚的人。"最后，人的全面发展是指人的需要的满足。人的需要是一个开放的系统。对于每一个人来说，他的需要无外乎就是获得发展与谋求幸福。但是"人的价值和幸福只有在担当、履行自己的社会责任的过程中，才能得到证实和实现。为了自己的幸福，就必须履行对他人幸福的责任，并从中感受自己的幸福"。

所以说，人的全面发展必须以承担社会责任为前提。因此，培育公民的社会责任感是实现人的全面发展的必然要求。

2. 培育公民社会责任感是构建社会主义和谐社会的需要

首先，培育公民社会责任感有助于形成和谐的人际关系。社会和谐首先是指人际关系的和谐，具体体现为人与人之间和衷共济、互相理解、互相尊重的良好社会风气。人的社会性本质告诉我们，人与人之间的关系是相互依存的关系。只有每一个公民都自觉地承担起对他人、对社会的责任，这样的人际关系才能是和谐的人际关系。试想，如果在一个社会中，人人都只顾个人私利，而无视对他人、对社会的责任和义务，那么这个社会中必然包括人与人之间对抗性的因素，社会中也必将充满着冲突与矛盾，个人与他人之间良好的关系也就会被物欲所代替，这样的社会是不可能和谐的。因此，只有每一位公民都具有高度的社会责任感，才能实现人与人之间良好的关系。这是构建社会主义和谐社会最基本的要求。

其次，培育公民社会责任感有助于形成健康稳定的社会秩序。健康稳定的社会秩序是人与人、人与社会和谐关系的重要体现，包括民主法治、公平正义、安定有序这三个方面，具体来讲就是指社会主义民主得到充分发扬，依法治国方略得到切实落实，各方面的利益得到妥善协调，人民内部矛盾得到正确处理，社会管理完善，社会秩序良好，等等。健康稳定的社会秩序一方面有赖于社会中各种制度的不断健全，另一方面，也离不开社会中的全体成员对法律规律的自觉遵守、对法律权威的自觉维护、对公平正义的自觉追求、对社会秩序与道德规范的自觉践履。如果一个人有很强的社会责任感，他就会自觉地遵守法纪，遵守各种道德规范，对自己、对他人、对社会高度负责；同时，如果一个人具有较高的社会责任感，他就能把社会公平与正义内化为自己的理想追求，自觉维护公平与正义。总之，健康稳定的社会秩序离不开每一个公民高度的社会责任感的发扬。

再次，培育公民社会责任感有助于提升人们建设社会主义和谐社会的精神动力。构建社会主义和谐社会是广大中华儿女共同的事业，是时代赋予人们的崇高的使命。完成这项伟大的事业，离不开广大人民群众首创精神的发扬。社会责任感在一定意义上说就是人们主人翁意识的体现，是人们履行自身职责与使命的基础，对人们的行为能够产生强大的推动力。因此，如果每一个公民都把构建社会主义和谐社会作为自身的奋斗目标，就必然会激发起人们的积极性、主动性和创造性。这种积极性、主动性和创造性也就是人们首创精神的体现，是构建社会主义和谐社会强大的精神动力。

最后，培育公民社会责任感有助于保持良好的生态环境。实现人与自然和谐发展，保护生态环境，是构建社会主义和谐社会的必然要求。我们搞社会主义现代化建设，不能仅仅满足当前人与社会的发展需要，还要考虑到子孙后代的生存与发展的需要。这就要求我们在发展经济的过程中，应该把眼前利益与长远利益结合起来，既要对当前负责，又要对子孙后代负责，而不应该以牺牲后代人的发展为代价，满足当前片面的发展要求。自觉保持良好的生态环境、实现人与自然和谐发展是公民社会责任感的重要体现。只有每一个公民都具有这种社会责任感，才能在发展经济的过程中，自觉做到把当代人的发展需要与子孙万代的福祉结合起来，才能实现人与自然的和谐相处。

3. 培育公民社会责任感是思想政治教育现代化的必然要求

思想政治教育教育现代化是不断发展着的社会实践对思想政治教育提出的新要求。思想政治教育的现代化是一个系统的工程，包括理念、目标、内容、方式方法等各个方面的现代化。只有把对公民社会责任感的培养纳入思想政治教育的目标中来，才能实现思想政治教育目标的现代化。这是因为：一方面，公民的社会责任感是现代公民意识的重要组成部分。我国古代的德育、封建时期的西方教育等都是把塑造臣民意识作为德育的目标，主要目的是为了维护君主的统治地位，使人民向君主负责，而不是向社会负责、向法律负责。这种目标理念在人们的思想深处至今占据着很重要的位置。就我国来说，虽然新中国的成立早已为人们思想上的独立与解放奠定了基础，宪法和法律也赋予了人民当家做主的权利，但是臣民意识却在一部分人的心中根深蒂固。这种落后的思想观念不利于人们积极性、主动性的发挥。因此，现代思想政治教育必须立足于使人们养成现代公民意识，破除陈旧的观念对人们思想的束缚。现代公民意识主要体现为"政治上的参与、对所属共同体的认同和忠诚；法律上的制度认同感、规则意识和契约意识；道德上的自我负责与社会责任感；负责任的环境与生态伦理意识等"。由此可见，社会责任感是现代公民意识的重要组成部分。思想政治教育要实现现代化，必须把培养公民的社会责任感作为目标。

另一方面，培养公民社会责任感是当今世界各国德育的共同目标。工业革命以来，人类在科学技术上实现了突飞猛进的发展。但是，这在一定程度上造成了工具理性无限制的膨胀，进而引发了一系列的社会问题，表现为道德滑坡、行为失范、责任感缺失、人生意义的迷惘。因此，各国政府都把培养公民的社会责任感作为德育的目标，并希望以此来提高社会的道德水平。20世纪70年代初期，联合国教科文组织在《学会生存》的报告中就把教育的发展方向确定为使每个人承担起包括道德在内的一切责任；20世纪80年代末期，该组织再次呼吁教育要培养一种道德关怀和道德责任。对我国来说，思想政治教育要实现现代化，必须把培养我国公民的社会责任感作为重要任务。

（二）新时期培育公民社会责任感的途径

社会责任感是维系人与人、人与社会关系的纽带。没有社会责任感，任何人、任何社会都不可能存在和发展。因此，培育公民社会责任感是社会发展对思想政治教育提出的必然要求，探索新时期培育公民社会责任的途径是当前思想政治教育的重大课题。

1. 利用好主渠道

第一，要在爱国主义教育中进行公民社会责任感的教育和培养。只有热爱祖国、关心祖国的前途和命运的人，才会具有强烈的社会责任感。这就要求我们教育和引导广大人民，使他们了解和熟悉我国的古代史、近代史和现代史，使人们充分了解我国当前的基本国情，使每一位公民切实地认识到自己所肩负的历史使命，认真履行时代赋予他们的社会责任。

第二，要在集体主义教育中进行公民社会责任感的教育和培养。我们所讲的集体主义并不排斥个人的正当利益。但是如果片面地强调个人利益，就是自私自利的表现。这与我们所倡导的基本价值观念是相对立的。如果一个民族、一个国家，人们只讲个人利益，不讲集体利益、社会贡献，这样的国家就不可能实现什么较好的发展。因此，这就要求我们在集体主义教育中进行公民责任感的教育和培养，使人们正确处理个人利益与集体利益的关系，把个人理想与社会实际紧密结合起来，使人们在对社会、对集体做贡献的过程中实现个人利益、体现个人价值。

第三，要在理想信念教育中进行公民社会责任感的教育和培养。理想着眼于未来，社会责任立足于现在。一个人，只有具备了坚定的理想信念，才会有为实现理想而进行的各种努力，这种努力在现实生活中体现为对社会责任的主动承担。因此，社会责任感淡化是理想信念不坚定的表现，我们要在理想信念教育中进行公民社会责任感的教育和培养。

第四，要在优秀传统文化教育中进行公民社会责任感的教育和培养。优秀传统文化教育是思想政治教育的重要内容，其中包含着丰富的社会责任感教育的因子。我国古代虽然没有提出"社会责任感"这一概念，但是强调社会责任感一直是中华民族优良的传统美德。从孔子的"当仁不让"到孟子的"舍我其谁"，从诸葛亮的"鞠躬尽瘁，死而后已"到顾炎武的"天下兴亡，匹夫有责"，从范仲淹的"先天下之忧而忧，后天下之乐而乐"到张载的"为天地立心，为生民立命，为往圣继绝学，为万世开太平"，从林则徐的"苟利国家生死以，岂因祸福避趋之"到梁启超的"人生于天地之间各有责任"，等等。这种以社会需要为己任的责任感已成为我们中华民族精神的重要组成部分。前人提出的这些思想都是我们现在进行社会责任感教育的宝贵资源。我们要在优秀传统文化教育中进行公民社会责任感的教育和培养。

2. 培育公民意识

公民意识是社会成员对自身公民角色及价值追求的主观认识，是社会成员对自身在社会关系中所处地位的一种心理认同与价值追求。公民意识集中表现为公民对权利与义务的自觉意识与自觉遵从。因此，社会责任感是现代公民意识的重要组成部分。加强公民意识的教育是社会责任感教育和培养的前提和基础。

首先，培育公民意识有助于人们认识自身的权利与义务。从某种意义上说，社会责任感的核心内容是公民对权利义务关系的正确认识和自由选择，是公民对社会承担相应的责任、履行相应的义务的自觉认同。如果一个人连自己的权利和义务都不清楚，就根本谈不上对自身社会责任的认识。所以，加强对人们进行公民意识的教育和培养，使人们正确认识自己的权利和义务，有利于人们社会责任感的形成。

其次，培育公民意识有助于人们破除人们思想中的臣民意识。公民意识是臣民意识的对立物。臣民意识表现为人民对君主的依附关系，个人毫无积极性可言，因此，对社会事务往往表现为"事不关己，高高挂起"，具有很强的被动性。公民意识表现为人与人之间的依存关系。个体之间、个体与社会之间"你中有我，我中有你"，谁也离不开谁。只有每个人都承担起对对方的责任，才能享受社会赋予自己的权利，才能表现出很强的积极性和主动性。这样，就为培养公民社会责任感创造了前提条件。

3. 提升主体意识

承担社会责任既是由社会关系所规定的，也是人们自由选择的结果。人之所以承担社会责任，"其责任行为不是来自外在的强迫，也不是因为害怕受到惩罚而克制自己，而是完全出于道德上的自觉意识，以道德上的自律达到自由与意志、权利与义务的统一"。所以，培养公民社会责任感的前提是使个体能够自主选择，即具有主体意识。只有具备了主体意识，才能产生主观能动性，才能发挥主人翁的精神，才能承担社会责任。所以，培养具有主体意识的人，是培养社会责任感的前提条件。恩格斯说："一个人只有在他握有意志的完全自由去行动时，他才能对他的这些行动负完全的责任。"一个缺乏主体性的人是不可能把关乎他人、社会的事情当作自己的职责的，也就不可能养成社会责任感。培育公民社会责任感，必须提升每个公民的主体意识。

通过提升人的主体意识，可以使人形成独立的人格。只有具备独立人格的人，在社会生活中才能独立思考，才能自愿选择自己的行为，才能对自己的行为后果负责。通过提升人的主体意识，可以使人们真正意识到自己不仅是社会中存在的个体，更是社会中的一员，社会是"我"生存与发展的社会，社会的事情就是"我"的事情，因此，"我"有责任和义务参与社会中的各项事务，对社会的存在与发展负有不推卸的责任。

因此，在思想政治教育过程中，我们要注重提升人的主体意识，而不能压抑它。要使每个公民意识到自己是社会中重要的一部分，培养人们的主人翁意识。只有这样，人们才能自觉承担社会责任，养成社会责任感。

4. 立足社会实践

社会责任感是人们对自身应当承担的社会责任的情感体验，是责任意识、责任情感、责任意志、责任行为的统一体。但是从本质上讲，公民社会责任感的培养应该立足于社会实践。社会责任源于人们彼此间交往而形成的社会关系，是人们物质生活过程的深刻体现。离开了社会实践，就不会有社会关系的产生，也就不会有社会责任感。所以，公民社会责任感的培养，必须立足于社会实践，着眼于人们责任行为的养成。

通过社会实践，广大公民可以强化自身的责任意识，对自己的职责和使命将会获得更全面的认识；通过社会实践，公民可以获得对社会责任更强的心理体验，有助于社会责任感的形成；通过社会实践，有助于公民把社会责任感落实在行动上，可以使思想上、主观上的东西见之于行动，从而使内隐的社会责任感变成外显的责任行为，有利于责任主体对自身行为后果进行自我评价，也有助于社会对责任主体的评价。所以说，培育公民社会责任感必须立足于社会实践。

第三节　人的全面发展与思想政治教育的价值追求

一、马克思恩格斯关于人的全面发展的思想

马克思恩格斯在继承前人的一切优秀思想成果的过程中，以及在对资本主义制度的批判过程中，逐渐形成和完善了关于人的全面发展理论。

（一）马克思恩格斯关于人的全面发展理论的发展历程

1. 马克思恩格斯关于人的全面发展理论的初步探索

从思想发展的顺序来看，《1844年经济学哲学手稿》标志着马克思关于人的全面发展理论的初步探索。马克思指出："一个种的全部特性、种的类特性就在于生命活动的性质，而人的类特性恰恰就是自由的自觉的活动。""自由的自觉的活动"即实践，就是人的全面发展的基础。尽管马克思在此没有明确完整地提出"人的全面发展"概念，但是第一次阐述了人的全面发展原则。劳动是人类生产和生存的基础，也是衡量人的发展水平的尺度。异化劳动是《1844年经济学哲学手稿》的核心线索，马克思认真研究了资本主义生

产关系对劳动的压抑与扭曲，指出资本主义制度是劳动产生异化现象的源泉，造成人的片面和畸形发展。只有在扬弃了私有财产的未来社会，人才能作为一个完整的人"以一种全面的方式，也就是说，作为一个完整的人，占有自己的全面的本质"，成为"具有丰富的、全面而深刻的感觉的人"。当然，《1844 年经济学哲学手稿》关于人的全面发展理论有其不成熟之处：对资本主义社会中人的异化的研究不够全面和具体，关于人的发展的许多论述带有抽象性。但是《1844 年经济学哲学手稿》为后来马克思全面阐述"人的全面发展"理论指明了方向。后来马克思在《关于费尔巴哈的提纲》中首次明确把实践观点作为其全部哲学的理论基础，从而揭示了社会生活的实践本质和人的社会本质，即"人的本质并不是单个人所固有的抽象物，实际上，它是一切社会关系的总和"，确定了考察人的新观点。

2. 马克思恩格斯关于人的全面发展理论的完善和深化

《政治经济学批判》及在此基础上形成的《资本论》进一步完善和发展了马克思关于人的全面发展理论。在这些著作中，马克思通过对资本主义社会经济现象的研究，准确地揭示了资本主义经济运行的基本规律即剩余价值规律，从而把关于人的片面发展与全面发展问题的考察和研究置于新的理论基础上。马克思揭示了资本主义不可调和的矛盾及其造成的严重后果。"资本的不变趋势一方面是创造可以自由支配的时间，另一方面是把这些可以自由支配的时间变为剩余劳动。如果它在第一个方面太成功了，那么，它就要吃到生产过剩的苦头，这时必要劳动就会中断，因为资本无法实现剩余劳动。"资本主义积累起来的社会财富主要不是用于促进劳动者的发展，反而成了劳动者发展的桎梏，只有废除资本主义私有制才能解决这个矛盾，从而可以做到"由于给所有的人腾出了时间和创造了手段，个人会在艺术、科学等方面得到发展"。在《政治经济学批判》中，马克思重申了"人的全面而自由发展"问题，认为"建立在个人全面发展和他们共同的社会生产能力成为他们的社会财富这一基础上的自由个性"是人自身发展的第三个阶段；在《哥达纲领批判》中也声明："在随着个人的全面发展……只有在那个时候，才能完全超出资产阶级权利的狭隘眼界，社会才能在自己的旗帜上写上：各尽所能；按需分配！"在《资本论》中指出，未来社会是一个"以每个人的全面而自由的发展为基本原则的社会形式"，是一个自由人联合体。马克思针对机器大工业时代人的片面、畸形发展的人性困境，在分析人类社会的运动规律和批判资本主义异化劳动的过程中，完善和发展了其人的全面发展理论。

（二）马克思恩格斯关于人的全面发展理论的基本内涵

1. 人的全面发展的主要内容

马克思恩格斯的人的全面发展概念，主要包括三个方面的含义：一是人的劳动能力的发展，包括个人的体力、智力、个性和交往能力的发展等。这是人的全面发展的最基本的含义。大自然的长期进化使人"具有自然力、生命力，是能动的自然存在物；这些力量作为天赋和才能、作为欲望存在于人身上"。二是人的社会关系的丰富。人是在社会关系中生存和发展的，"社会关系实际上决定着一个人能够发展到什么程度"。生产力的发展和世界交往的形成日益造就了人类丰富而复杂的社会关系，社会关系的全面性使人的发展也具有全面性，从而彻底摆脱"物的依赖性"阶段人发展的片面性和有限性。马克思在《经济学手稿（1857—1858 年）》中认为："生产力或一般财富从趋势和可能性来看的普遍发展成了基础，同样，交往的普遍性，从而世界市场成了基础。这种基础是个人全面发展的可能性，而个人从这个基础出发的实际发展是对这一发展的限制的不断消灭，这种限制被意识到是限制，而不是被当作某种神圣的界限。个人的全面性不是想象的或设想的全面性，而是他的现实关系和观念关系的全面性。"三是人的个性的全面发展。针对旧式分工和异化劳动对个性的压抑，人的个性的全面发展有以下几个方面：人自身中自然潜力的充分发挥；身心的和谐发展；个人需要的相对全面和丰富；个人的精神道德观念和自我意识的全面发展；个性的自由发挥。

2. 人的全面发展和社会全面发展的统一

马克思主义认为："正像社会本身生产作为人的人一样，人也生产社会。活动和享受，无论就其内容或就其存在方式来说，都是社会的，是社会的活动和社会的享受。自然界的人的本质只有对社会的人说来才是存在的；因为只有在社会中，自然界对人来说才是人与人联系的纽带，才是他为别人的存在和别人为他的存在，才是人的现实的生活要素；只有在社会中，自然界才是人自己的人的存在的基础。只有在社会中，人的自然的存在对他说来才是他的人的存在，而自然界对他说来才成为人。"从这段文字可以看出，马克思把人的全面发展与社会的全面发展联系起来。

一方面，社会是人的全面发展的基础和平台，社会发展推动人的发展。"只有在集体中，个人才能获得全面发展其才能的手段，也就是说，只有在集体中才可能有个人自由。""在真实的集体的条件下，各个个人在自己的联合中并通过这种联合获得自由。""一个人的发展取决于和他直接或间接进行交往的其他一切人的发展；彼此发生关系的个人的世世代代是相互联系的……总之，我们可以看到，发展不断地进行着，单个人的历史绝不能脱离他以前的或同时代的个人的历史，而是由这种历史决定的。"伴随着社会的发展，个人将从狭隘孤独成长的个人变成具有丰富社会联系的个人，从为私有财产所分割的个人向自由自觉联合的个人转变。人是一切社会关系的总和。社会关系的普遍性和全面性，正是个人走向全面发展的不可或缺的条件。马克思在《经济学手稿（1857—1858 年）》中认为：

"生产力或一般财富从趋势和可能性来看的普遍发展成了基础，同样，交往的普遍性，从而世界市场成了基础。这种基础是个人全面发展的可能性，而个人从这个基础出发的实际发展是对这一发展的限制的不断消灭，这种限制被意识到是限制，而不是被当作某种神圣的界限。个人的全面性不是想象的或设想的全面性，而是他的现实关系和观念关系的全面性。"如果离开社会的全面发展谈人的全面发展，那就好似在沙滩上建高楼大厦一样，危如累卵，个人只能在狭窄的范围内孤独地发展着，变成少有联系的相互独立的封闭个体。

另一方面，人是社会的主体，人的全面发展是社会发展的最高价值追求和崇高目标，因为社会的发展实质上是人们追求幸福和发展的结果。马克思曾明确指出："社会——不管其形式如何——是什么呢？是人们交互活动的产物。……人们的社会历史始终只是他们的个体发展的历史，而不管他们是否意识到这一点。""要不是每一个人都得到解放，社会本身也不能得到解放。""私有制只有在个人得到全面发展的条件下才能消灭。"一种更高级的社会形式是"以每个人的全面而自由的发展为基本原则的社会形式"。

从上面的观点我们可以看出，社会的存在和发展是以个人的存在为前提的，离开了个人，就不成其为社会；离开了个人的发展，社会也就无从发展，整个社会的发展是以人的发展为目的的。社会历史发展的最高境界就是人自身的全面发展和彻底解放，而同社会的全面发展相一致的人的全面发展是人的发展的最高境界。

二、人的全面发展是思想政治教育的价值追求

（一）人的全面发展是思想政治教育的价值目标

首先，"思想政治教育的重点要与党的中心任务相一致的规律"决定了人的全面发展成为思想政治教育的价值目标。当前党的中心任务逐渐从以经济建设为中心的理念转向"以人为本"的人的全面发展的价值定位上，民主法治、公平正义、诚信友爱、充满活力、安定有序、人与自然和谐相处的和谐社会就是坚持以人为本的社会，也是追求人的全面发展的社会。思想政治教育要坚持"以人为本"，为实现人的全面发展服务。"随着我国改革开放的不断深入和社会生活各方面的巨大变化，适应小康社会发展的现实要求，我国思想政治教育的中心话语、研究视角将越来越围绕'人本论'，即以人为本，促进人的全面发展展开。"

其次，思想政治教育的本质要求为人的全面发展服务。"党的思想政治工作，从根本上说就是做人的工作，做群众的工作"，是宣传群众、教育群众、引导群众、提高群众的工作，其根本宗旨是为了促进人的全面而自由的发展。

最后，思想政治教育的有效性要求"以人为本"，促进人的全面发展。长期以来，由于受到对马克思主义和社会主义的教条化认识的影响，受到计划经济体制和高度集中的政治体制的影响，在思想政治教育的长期实践中，我们常常把思想政治教育理解为政治思想的教育，注重马克思主义基本理论、共产主义道德品质的教育，认为思想政治仅仅是要解决方向、立场、态度这些根本问题。这当然是没有错的，但是这种教育实践存在否定教育对象的独立个性和创新性精神的问题，存在单纯强调为集体和国家的利益而无条件牺牲个人利益的现象，忽视教育对象的主体性和多方面发展的需要，容易让人产生思想政治教育者善谈大道理、居高临下的印象。

（二）人的全面发展理论创新了思想政治教育的内容和方法

长期以来，思想政治教育内容十分广泛，大体可概括为马克思主义理论教育、党的路线方针政策教育、日常生活中的思想教育。历史表明，这样的思想政治教育的内容对于确保我国建设和发展的社会主义方向有非常重要的意义。但是随着改革开放的推进、市场经济的发展、科学技术的发展、世界各种文化思潮的碰撞带来的利益主体和利益观念的多元化，极大地改变了既有思想政治教育的生态环境。

我们的思想政治教育实践没有及时地关注生态环境的变化，往往将思想政治教育的内容泛政治化，强调重视远大理想、宏伟目标等大道理的教育，而对人的基础教育和基本素质教育关注不够，导致思想政治教育的内容往往脱离人的实际和人的需要，不利于促进人的全面发展。思想政治教育内容的模式化、程序化不可避免地导致思想政治教育功能的钝化。人的全面发展理论完善了思想政治教育的内容，改变了思想政治教育内容模式化的状况。

人的全面发展理论在肯定"为谁培养人"也就是思想政治教育的意识功能的同时，在回答"培养什么人"的问题上具有鲜明的现实性和吸引力。我们的社会要培养的不是纯粹的"政治人""经济人""单位人""组织人"，而是"全面发展的人""会做一切工作的人""具有尽可能广泛需要的人""高度文明的人"。这样的人有全面丰富的社会关系，有多方面的需求，有多方面的能力。思想政治教育要加强针对性、取得实效性，就必须把思想政治教育置于培养人的综合素质的目标中去定位，使思想政治教育真正为促进人的全面发展服务。这样的教育内容能够改变过去片面强调人的政治素质和思想素质的状况，改变思想政治教育高高在上、空洞说教的局面，因为这些新内容与普通个人的利益紧密相关，容易令人产生共鸣。

人的全面发展理论使思想政治教育在方法上更注重多样性和灵活性。人的全面发展特别强调人的个性的全面发展，即人自身自然力的发展、身心的和谐、需要的全面丰富和个性的自由发挥。重视人的全面的发展，也就是尊重个人的独立性。世界上不可能有两片完全相同的树叶，个人与个人之间也不可能有完全相同的个性。承认这种差别，并使个人有条件获得独特的发展，正是社会发展的价值追求所在。所以说传统的"你说我听""你打我通"的大一统的思想政治教育方法有些不合时宜了。思想政治教育方法要因时而异、因人而异，注重多样性、灵活性、交互性和开放性。要更多注重民主和平等，尊重人、关心人、理解人、爱护人，增强现实感和亲切感，充分调动受教育者参与的积极性，引导受教育者自我教育，在润物无声、潜移默化中影响人和造就人，在民主平等的氛围中实现思想政治教育的目标。

（三）思想政治教育是实现人的全面发展的重要条件

首先，思想政治教育对人的全面发展具有导向功能。其中包括理想信念导向、奋斗目标导向和行为规范导向。理想信念导向是指通过思想政治教育帮助人们形成正确的理想信念，以此提高社会凝聚力和向心力。马克思主义一直是我们的理想信念。但是在现代社会条件下，马克思主义理想信念导向面临挑战。社会上有些人甚至一些党员干部理想缺乏、信念沦丧，成为金钱、权力、美色的俘虏。另外，社会上还存在一些带有愚昧、颓废等色彩的落后文化，它们腐蚀和危害人们的精神世界。这些现象对马克思主义理想信念构成挑战，也足以使人的发展轨迹出现重大偏差。我们尊重个人的自由和发展，但是我们也绝对拒绝那种以理想信念丧失、精神家园崩塌为代价的发展，那不是真正的人的发展，而是一种新的人的异化。奋斗目标导向主要指社会发展目标和人的发展目标，这两个目标都是有层次性的。在实现人的全面发展的过程中，思想政治教育根据人们的思想实际和个性特点，帮助人们确立奋斗目标，使目标的确立具有层次性和个性，使社会目标和人的发展目标得到统一。行为规范导向是指按照道德和法纪规范人们的行为，告诉人们社会鼓励什么、提倡什么、反对什么、禁止什么，明确而具体。这不是对人的发展的限制，而是保证所有人都全面发展的重要条件。我们追求人们全面而自由的发展，但是反对人们的随意发展和无序"发展"。

其次，思想政治教育为人的全面发展提供精神动力支持。思想政治素质和思想道德素质的提高是人的全面发展的前提。这些素质不仅决定人的发展方向，而且直接影响人的智力、体力素质的形成、发展和发挥的程度。通过思想政治教育，可以极大提高人的思想政治素质和道德素质，调动人的积极性、主动性和创造性，促进生产力的发展，维护社会制度和政治稳定，促使社会进步和发展。思想政治素质和道德素质的提高可以帮助人们正确处理个人需要的多样性与社会现实条件性的关系，正确处理个性发展的随意性与社会生活规范性的关系，正确处理个性发展的选择性与社会发展规律性的关系，正确处理索取与奉献、享受与创造的关系。一方面，把人们塑造成适应社会主义现代化建设需要的有理想、有道德、有文化、有纪律、德才兼备的社会主义新人；另一方面，更多地使个人得到自我实现和满足，逐渐实现人的全面发展。特别是在促进人的全面发展的今天，在坚持社会发展与人的发展相统一的前提下，思想政治教育对人的全面发展的精神支持作用弥足珍贵。

最后，思想政治教育为人的全面发展提供良好的环境。既然人的性格是由环境造成的，那就必须使环境成为合乎人性的环境。这里的环境包括自然环境和社会环境。人的全面发展需要良好的自然环境。我们连同我们的肉、血和头脑都是属于自然界和存在于自然之中的。对于自然"每一次胜利，起初确实取得了我们预期的结果，但是往后和再往后却发生完全不同的、出乎预料的影响，常常把最初的结果又消除了……"所以要促进人和自然的协调与和谐，使人们在优美的生态环境中工作和生活，坚持实施可持续发展战略，正确处理经济发展同人口、资源、环境的关系，改善生态环境和美化生活环境，努力开创生产发展、生活富裕和生态良好的文明发展道路。通过思想政治教育，可以培养人们的环保意识和环境道德，使人们自觉保护生态环境，维护人类与自然之间的生态平衡，为人的全面发展提供可持续保障。同时，人的全面发展还需要良好的社会环境。不可否认，当前我国实施以人为本为核心的科学发展观倡导了一种积极健康向上的社会环境，社会各族人民一心奔发展、谋幸福。但是我国千百年来的文化传统所形成的保守、求稳的心理积淀，表现出开拓和创新精神不足的弊端，还有市场经济的发展导致人们盲目逐利的狂热心理，这样的心理一方面很大程度上制约了人们的创造精神的发挥，另一方面也产生了很多唯利是图的不良现象，这些都不利于人的全面发展。这些现象靠物质手段和行政手段不能彻底改观，很大程度上得依靠思想政治教育的教育、启发、引导功能的发挥。思想政治教育可以帮助人们清除保守、均衡的文化积淀，创设有利于创新的文化环境，为培养大批创造型人才提供良好的条件；也可以通过引导人们的利益追求营造良好的社会道德氛围，为人的全面发展创造良好的社会环境。

总而言之，人的全面发展是思想政治教育的价值目标，是思想政治教育的最终目的。思想政治教育对人的全面发展具有举足轻重的作用，是人的全面发展的重要条件。我们要发挥思想政治教育的积极作用，要以人为本，充分考虑教育对象的主体性和独立性，提高思想政治教育的针对性和有效性，促进人的素质全面提高。

第四章 马克思主义理论教育中的美育

第一节 马克思主义理论教育与美育

一、美育的本质特征和功能形态

(一) 美育的特征

1. 情感性

情感是人对认识对象的一种体验和态度，是主体对客体的一种感受形式。情感性是美育的基本特性之一。通过审美活动，美育能引起受教者情感的共鸣，使心灵受到震撼或抚慰，产生审美愉快。但不是所有情感都是审美情感，审美情感是由美的形象所引起的，而美的形象之所以能引起人强烈的情感共鸣，是由于审美对象凝结了人的创造智慧和理性，所以能与人的情感相沟通，给人带来感人肺腑的力量。

美育可以完善人生、完善人性、完善情感，因而美育自身就是情感教育。但实施美育一定要注意以情动人，不是灌输和说教，而是潜移默化的一种情感积淀。心理学研究表明，如果一个人在成长过程中，他的正常情感需求得不到满足，那么他的人格发展必然是存在缺陷的，所以情感在人的心理活动中是不可或缺的感性存在，它的作用就在于培养对假、恶、丑的憎恶，对真、善、美的亲近和共鸣。

在审美情感中，只有当人们抛弃狭隘的功利性、冲破个人的欲念，才能在审美活动中真正得到美的享受。美的享受不仅能给人在精神上带来愉悦，还能使人从心理到心智上都得到满足，在精神上得到净化，从而激励人们更加热爱生命、热爱生活。

2. 形象性

所谓形象，从字面看，就是指物的形状、外貌。所谓形象性，就是指美具有一种能以其具体的感性存在为人的感官所感知的特性。无论是自然美、艺术美还是社会美，它们都通过各自生动、具体的外在形式表现出来，被人的感官直接感知到，成为审美对象。

美育以情动人，是以审美形象为介质来实现的。美感不是凭空产生的，审美形象是美感的基础。黑格尔曾说："美只能在形象中见出，因为只有形象才是外在的显现。"车尔尼雪夫斯基说"形象在美的领域中占有统治地位。"审美形象是合规律性和合目的性的统一。合规律性是指审美对象符合对称、均衡、比例、和谐等美的规律；合目的性是指其内容的合目的性，即它有利于社会实践，是对主体实践的肯定，是一种价值。内容的合目的性和形式的合规律性二者统一就构成一个完整的审美形象。

但是美育的形象性并不仅仅意味着在美育实施的过程中伴随着感性形象，还意味着对感性形象的情感体验与交融。车尔尼雪夫斯基提出"美是生活"，即美是生命的形象，只有将生命的活动融于形象之中才能使其具有深刻的本质特征。反之，个性的情感生命不能通过抽象的概念来表现，只有在具体的形象中才能得到与升华。

审美的形象性要求在实施美育的过程中，从教材到实践活动、从话语到环境等每一环节都具有形象性的特征。

3. 趣味性

"美育的趣味性是指美育过程对受教育者应具有的吸引力，使其始终对审美的创作与欣赏保持浓厚的兴趣。"

首先，美育的趣味性在于对活动中个性的尝试性和探索性。对新奇事务，人们往往抱有一种自发的探索与冲动，在探索的过程中去体会乐趣、享受愉悦。探索和尝试是兴趣的源起，美育的过程在自发的前提下充满趣味和活力，会使人全身心投入，达到忘我的境界。这一境界的达到离不开个性化的尝试与探索。反之，这种尝试与探索也离不开审美活动的个性化特征和创造性。"一千个观众就有一千个哈姆雷特"，这说明创造活动并没有一个统一的程序或模式，同样的介质、同样的事物或事件，可因人而异、因时而异、因地而异。正是这些差异表明了审美活动的探索性和尝试性。美育的趣味性也正是在于对这些有着差异的探索和尝试的鼓励，从而使受教育积极主动地接受教育，真正实现"我要学"而不是"要我学"。

其次，美育的趣味性还在于美育过程中尊重个性的差异性。尊重每一个受教者的个体差异，接受每一个受教者由个体差异导致的个性上的区别，并满足他们的个性、情感、生活需要，鼓励学生个性和创造性自由而充分地发展。这里需要注意的是，尊重并不是放纵，也不是一种礼遇，而是在合理的前提在自由、安全的环境下，对学生个性的认同和鼓励。

最后，美育的趣味性与"游戏说"有着紧密的联系。游戏也离不开对有个性差异的、注重过程本身的、自由的探索和尝试。英国哲学家席勒和赫伯特·斯宾塞提出的"游戏说"认为游戏是审美活动的根本特征，虽然这一理论有着明显的缺陷和不足，但对美育的趣味性和严肃性做了一个很好的认定。肯定美育的趣味性并不意味着抹杀美育本身严肃的教育价值，恰恰相反，美育自身具有的严肃的人生价值正是通过趣味性体现出来的。

马克思曾在他的理论中设想，在共产主义世界，劳动不应是像在资本主义社会中一样被变成一种给人以折磨的苦役，而是成为在人们生活中最有乐趣的活动。这一理想在现阶段暂时无法完全实现，但使教育过程成为一种有乐趣的审美活动却内在地包含了对这一理想的追求与肯定。

（二）美育的功能

1. 以美养性

美育最基本的功能就是陶冶性情、培养爱心，在想象力、感受力得到丰富和提高的同时满足感性的和精神的需要，并促进理性心智的发育，使个体生命在物质上和精神上都得到提高。

"以美养性"的"性"是指性情，它既包括感性方面的性情，也包括理性方面的性情。人的全面的、健康的、和谐的发展不能只关注感性或者仅限于理性。美育首先是感性的教育，在具体生动的美的事例中，使人的感性欲求获得满足，感性能力得到发展，从而提高人感受世界的能力。细腻的感受力是我们发现美的第一步。美育也是一种理性的教育，人本身是感性与理性的统一，也是个体性与社会性的集合，美育应该积极运用理性匡正和修饰感性，从而使两者和谐共存，相互促进。只有感性追求而没有更高的理性生活和精神目标，人就回到了动物；但没有感性享受和对感性的敏感力而只有理性追求，人则枯萎、单调、枯燥。因此，既要承认理性存在的必要，又必须给予感性合理的地位和发展空间。下面具体归纳一下美育在引导感性方面所起的作用：

首先，美育解放人的感性。人类文明发展的过程就是理性压制感性的过程，特别是随着工业化时代的到来，在冰冷的机器面前，人们也变得麻木、毫无激情，感受力和敏感性也变得退化和迟钝。而美育就是在理性过度和感性不足的现实背景下，通过人的感性把握和形象的直观感知，来纠正或缓和这种失误，增强人的感受力和敏感精神，丰富想象力及唤起人的生命激情，使生活变得更加美好。

其次，美育疏导人的感性。在现代社会生活被物化，人们成了物质的奴隶，身心存在严重的分裂感、焦虑感和失衡感，情绪处于爆发的临界状态。这使得一方面感性被压抑，另一方面又是灯红酒绿，欲望四溢。这直接导致了两个极端，一边是极其理性、高效率和快节奏，一边是极其感性、放纵和麻醉自己。这种极度的矛盾和张力状态都不是人的正常状态。美育的目的就是协调矛盾，填平感性和理性的鸿沟，使人的性情趋于平和，身心保持平衡。对于欲望，既不能不满足，也不能盲目满足，放纵的欲望和彻底的感性都是美育所要极力调整的。它能使人的欲望得到适度的释放，但这种释放一定是在理性范围内，能够让性情保持平衡与和谐。一方面要使感性能力得到发展，合理欲望得到满足，另一方面必须保证感性欲望受到一定理性的制约，从而把人带入和谐自由的状态。

最后，美育升华人的感性。美育作为审美的实践活动是超功利、超实用的。它不是引导人去追求和占有对象的使用价值，而是引向对象的精神价值和审美价值，审美主义的基本态度是欣赏不是占有。所以，美育对人的感性升华的作用体现在能使感性从无意识的本能层面上升到接受理性控制的自觉意识层面，从生理的动物层面上升到社会的精神层面，从兽性层面上升到人性层面。

2. 以美启真

虽然美育本身主要不是一种求知行为，但可以为求知活动准备主体条件，也就是说它能促进观察力和认识力的发展，训练提高人的智力因素，从而为求知活动和知识积累打下良好的基础。这里引用一段李泽厚先生的话："对客体合规律性与主体合目的性相统一的主体感受可能是开启对客观规律的科学发现强有力的途径，例如对类比、同构、相似等强烈敏感、直观选择和自由感受便是与科学的真有关的。自由并非任意，美学和艺术中享有的门由正是科学中可以依靠和借用的钥匙和拐杖，无怪乎海森堡说'美是真理的光辉'。"

一方面，从审美对象来看，我们知道审美是人的情感、想象力和理解力相互交织的活动。审美通过训练人们敏锐的感受力和创意的想象空间来丰富我们对外界的认知和理解能力。审美教育活动是细微观察力和感受力的培养，它本是运用感官去专注直观和体悟事物神韵的过程。这种精细观察体会的态度，有利于理性认识能力的提高，可以积淀为人的智力因素，促进人们把握和领悟事物内在规律性的能力，可以训练科学研究所需要的想象力，还可以提高人们对事物的直觉能力和认识范围。因此，审美对人类的认识活动和科学实验可以起到很大的促进作用。很多科学家都十分注重审美和艺术的修养，如物理学家杨振宁、李政道等都提出艺术和科学密不可分，爱因斯坦认为世界是由两种符号组成，即数学和音乐。

另一方面，从美本身来看，审美之所以可以扩大人们对世界的认识，提高人的认识能力，在于美本身就包含了"真"，美本身是符合规律的，美就是"真"的形式。美的"真"不仅包括客观的"真"，也包括主观情感的"真"。前者直接促进了认识的发展，推动了科学的进步。后者则体现在有助于培养我们对世界的爱，对生命的感动，对探索的兴趣。美育是爱的教育，在求知活动中，这就是引起求知行为兴趣的源泉，而兴趣是最好的老师。

3. 以美扬善

以美养性和以美启真都是以美扬善的表现。以美养性体现在个人精神素质全面协调发展，因而是有利于社会进步的；以美启真体现在直接推进个人智力因素的提高，以更显著地推动社会发展。所以，从狭义的伦理学意义上来说，美育可以促进社会整体道德风气的好转，促进社会道德水平的提高，是培育社会主义核心价值体系和践行社会主义核心价值观的重要手段。比如自然美，它可以开阔人的心胸，扩大人的视野，培养人的道德情操；社会美，它本身必须是善的，所以其伦理学价值不言而喻；艺术美，一切优秀的作品都有利于道德实践，所有的艺术形式对丑恶的鞭挞和对美好的讴歌都是不遗余力的，因而具有异常动人的感人力量，有利于人的自觉的道德意识的培养。

从"美"本身来说，"美"要包含着"善"，它在具有合规律性外还要具有合目的性。（这里所指的合目的，是指美要么符合客观的社会要求和目的，有利于社会发展，要么符合主观的精神愉悦和精神提升的主观目的）李泽厚先生曾指出，人的智力结构是理性的内化，而伦理学的意志结构则是理性的凝聚。对意志心理结构的培育不在于去培养某种服从、遵循外在规范的伦理态度或行为模式，而在于去培养自我立志去选择的能力即主动选择的道德自律，这种主动选择的能力即人的自由意志，是理性的凝聚。"不表现为客观的因果，而表现为主体的目的"，从而"出自本心，无待乎外"。"潜在的超道德的审美本体境界储备了能跨越生死不计利害的道德实现的可能性。"

在当代社会，我们要注重发挥美育在人的精神层面的作用。在物欲横流、实用主义大行其道的今天，我们在认真反思的同时也应以审美教育为重要手段，重建价值立场、提升人格境界、增强道德意识、树立正确的人生观、价值观。

二、马克思主义理论教育中的美

（一）马克思主义理论教育的内容美

1. 马克思主义理论教育体现的和谐美

马克思主义理论教育是伴随着马克思主义理论的产生而产生的。在我国，它以马克思主义理论为基础，结合我国社会主义实践的经验和成果，使受教者能树立正确的价值观念和思想意识。作为学校教育中思想政治教育的重要组成部分，它既包含着教育的普遍性，也有着自身的特殊性。马克思主义理论教育作为教育的一个部分，它具有教育的一般性特点，都是一种"人的社会活动"，都具有一般教育活动的基本要素。马克思主义理论教育的内容，不仅传授的是教育学的一般性原理以及教育中积累的各种积极成果，如教育的一般形式、教育与人的全面发展的关系、教育与经济和社会的关系、教育与德育的关系等；而且马克思主义理论教育作为一种特殊的教学活动，除了教育的普遍性、一般性之外，它是以马克思主义理论为根本内容进行教学活动，这是它与其他教学活动的根本区别，它具有特殊性。这种一般性与特殊性在马克思主义理论教育的内容中和谐统一地存在。因此，马克思主义理论教育既要遵循教育学的一般规律，但也不能实行"拿来主义"，一定要有所取舍，借鉴运用。这种一般性与特殊性的统一，正是马克思主义理论教育内容和谐美的体现。

马克思主义理论教育真理性和价值性的统一也是和谐美的一种体现。马克思主义理论在实践中经受住了历史的检验，是真理性的科学。同时，在它的方向性和思想性中则体现了其价值性特征。马克思主义理论教育的价值性不仅体现在实现广大无产阶级及其政党的奋斗目标和人民群众的根本利益，还体现在教育和引导个人的成长成才和全面发展，实现个人的社会价值和人生价值。人的社会价值和人生价值的实现，归根结底就在于马克思主义理论教育所具有的真理性特征。所以，马克思主义理论教育的真理性决定其科学性，价值性决定其方向性和思想性，真理性和价值性的统一又反映了方向性、思想性与科学性的统一。这种真理性与价值性的统一完全契合了"美是和谐"的审美观点。"由于科学理论的主要宗旨是发现自然中的和谐，所以我们能够一眼看出这些理论必定具有美学上的价值。"马克思主义理论教育的发展与创新本身也是不断追求和谐的历程。

2. 马克思主义理论教育体现的理性美

美不仅是感性的存在，它也有着社会的意义和内容，与理性相连。马克思主义理论教育的内容是严整有序、理性清晰的。逻辑性是马克思主义理论教育的重要特性，是马克思主义理论教育理性美的主要表现。正是严谨的逻辑能力，将教学内容条理化地一层层、一环环呈现，论证出客观必然的结论，使马克思主义理论教学内容具有令人信服的审美魅力。这种逻辑美也能帮助学生在学习过程中架构马克思主义理论知识的整体结构，并通过这种逻辑力量感染学生、引导学生。

（二）马克思主义理论教育的价值美

"活动和享受，无论就其内容还是就其存在方式来说，都是社会的活动和社会的享受，自然界的人的本质只是对社会的人来说才是存在的。"审美价值的本质就是审美客体与审美主体的统一。马克思主义理论教育的价值在于它是人的自由而全面的发展和社会进步的需要，体现了人的本质，是人改造世界的实践活动，而人是按照美的规律塑造的，审美价值是其内在的追求。

马克思主义理论在我国的传播、确立以及全面开展马克思主义理论教育都是我国历史发展的必然选择。在我国推翻封建主义建立社会主义。进行社会主义现代化建设并形成具有中国特色社会主义发展道路的过程中，马克思主义理论通过其历史唯物主义方法论对社会发展规律进行了历史的、系统的、具体的分析，推动党和人民事业取得了一个又一个胜利。马克思主义理论在我国的传播和发展不仅使我国发生了翻天覆地的变化，而且自身也在发展过程中不断与我国历史、国情和实际相融合，具有了新的内涵与外延，将马克思主义理论中国化。不难看出，我国马克思主义理论教育的发展过程也是一个不断完善自我、追求真善美的过程。马克思主义理论教育是促进社会进步和人的全面发展的实践方式，是合规律性与合目的性的统一，能够引领和满足人的超越性精神需求。马克思主义理论教育的价值美，存在于马克思主义理论教育及其属性满足主体在审美上的需要的过程中，明显地表现为它是以人自身为最高目的，以人的全面发展为最高理想，以满足人本身的自由生命为最高价值尺度的。通过马克思主义理论教育，能增强主体与客体之间的凝聚力，有助于审美的世界观、人生观、价值观的形成。

人是马克思主义理论教育的对象，离开了对人的培养，马克思主义理论教育就丧失了根本意义。"人的本质不是单个人所固有的抽象物，在其现实性上，它是一切社会关系的总和。"一个人只有参与到社会实践活动中，在服务他人、奉献于社会的追求和创造中，价值才能得到体现，才能将个人与社会和谐地统一起来。马克思主义理论教育正是通过赋予学生在精神上、心理上以及创造能力上的审美素养，在教育过程中给予他们关心、理解、尊重和信任，提高学生的自身素质，促进人的全面发展，通过人的全面发展去促成社会进步，达到人与社会的和谐发展。从人类价值追求的目标来看，马克思主义理论教育不再仅仅是手段，而是成为真善美的一种载体，是实现人的自由而全面发展的重要形式。这正是马克思主义理论教育价值美的体现。

（三）马克思主义理论教育的形式美

形式美是指事物的外在表现形式给人的审美感受。人类在长期的社会实践和审美活动中，不仅通过反复接触那些具体事物的形式因素而使它们具有了相对独立的审美意义，而且还把它们与自身的情感因素相联系，赋予了这些形式因素以情感的色彩。由美入真、由美人善是形式美的最终目的。形式美的本质是和谐，即事物各部分之间、整体与环境之间关系的协调与统一、平衡与稳定、有机与有序、自然与自由。形式美可以分为三个层次，分别是：以对称、整齐等形式美的因素为核心的低层次的形式美；以均衡、渐变等形式美的因素为核心的中间层次的形式美；以多样统一、动态平衡等形式美的因素为核心的高层次的形式美。

马克思主义理论教育是高层次的以多样统一、动态平衡等形式美的因素为核心的形式美。它的多样统一性上要体现在方向性、科学性与思想性统一以及理论与实践的统一。

方向性、科学性与思想性相统一的原则是马克思主义理论教育的首要原则。方向性是其鲜明阶级性和明确目的性的体现，要求马克思主义理论教育必须始终坚持马克思列宁主义、毛泽东思想、邓小平理论、"三个代表"重要思想、科学发展观、习近平新时代中国特色社会主义思想作为自己的行动指南，坚持社会主义方向，为建设有中国特色的社会主义培养新一代接班人；思想性体现了马克思主义理论教育中的精神价值和精神动力，注重思想观念对人的行为的主导作用，着眼于对人的世界观、人生观、价值观的教育；科学性是指马克思主义理论教育在指导思想上、内容上和方法上的真理性、正确性，真正做到以科学的理论武装人，以科学的方法培育人。

三、美育在马克思主义理论教育中的作用

（一）美育是理性与感性融合的构建基础

马克思主义理论教育与美育的融合是理性与感性的统一。马克思主义理论教育偏重于规范化、逻辑化、道德化，是理性的教育；美育则是感性的教育，是自由的、愉悦的、创造的。我们在进行理性教育的同时展开一种与之相协调的感性教育，在开发人的理性能力的同时，促进人的感性能力的发展。美育在马克思主义理论教育过程中也正是起着这样的承接融合作用。

一直以来，我国的马克思主义理论教育都是比较趋向理性单一，甚至是教条化的，究其原因主要有几个方面：其一，它的主要内容是对马克思主义基本原理、党的路线、方针、政策以及基本国情的教育，这也决定了马克思主义理论教育必须是建立在理论内容的严谨性和逻辑性基础之上的。其二，我国自古以来的传统教学方式是"传道、授业、解惑"，这种对个体而言的由外而内的输入过程在教学过程中容易导致教条化，而这种教学方式在我国如今的教学模式中也广泛存在，在马克思主义理论教学过程中也不例外。正是这种教条化的教育方式，使我国的马克思主义理论教育深陷千人一面、实效性不高的

困境。

美育作为感性教育能够成为架在马克思主义理论教育中理性与感性之间的一座桥梁。

首先，美育的个体性特征使接受马克思主义理论教育的人，不仅都能得到充分的发展，而且每个个体的特性都能得到最大的自由和解放，并且在培养个体的感性素质和能力的同时，与偏于理性的马克思主义理论教育相辅相成，共同服务于完成完整人格的培养。

其次，美育以人的本能冲动和情感过程为特征，激发着个体学习马克思主义理论教育的活力与激情。理性的主张与物欲的诱惑使人失去了对共产主义的信仰，枯燥的说教与过时守旧的内容使人逐渐失去了学习马克思主义理论的激情，这些近年来所出现的现象已引起广泛关注。美学泰斗朱光潜先生在他的《谈美感教育》一书中强调了美育的心理解放功能。他说美育有三种解放功能，分别是：情感的解放、眼界的解放和自然限制的解放。第一，美育是激发个体生命活力的教育，情感的解放能够"给本能冲动和情感以自由发泄的机会"。第二，眼界的解放能使人在平凡的世界里发现神奇的美，获得全新的审美体验。在学习时，我们不必画地为牢、画圈为套，将视线紧紧预定在书本教材之中，而是打开视野，从不同的角度，尝试不同的方法去重新解读认知马克思主义理论教育，以更好地指导实践。第三，自然限制的解放可以使人从有限的自然物质世界中超越出来，摆脱单纯的物欲和情欲，脱离低级趣味，这与马克思主义理论在本质上是一致的，并为其提供了一条理性与感性相结合的实现方式。

最后，美育的趣味性能增强马克思主义理论教育的吸引力，使学生对马克思主义理论的学习保持浓厚的兴趣。人们的兴趣往往源于对事物的探索和未知，没有探索和尝试也就没有兴趣。因此，受自发性驱使的美育过程充满了活力、趣味，个体能全身心投入其中，达到忘我的境界。在马克思主义理论教学过程中，可以结合美育思想，通过教学手段和方式，设立一定的情境，鼓励学生创造性地去探索和尝试，在过程中使受教者感受乐趣，积极主动地接受教育，乐此不疲。这里需要指出，美育的趣味性并不意味着抹杀马克思主义理论教育本身的严肃性和教育价值。马克思设想的共产主义，劳动应成为人生第一有乐趣的活动，而不是像在资本主义社会中那样成为一种苦役，虽然这种理想在现阶段不能完全实现，但使教育过程成为一种有乐趣的教育，内在地包含着对这一理想的追求与肯定。

（二）美育是促进人的自由而全面发展的有效途径

首先，马克思把创造具有人的本质的全面丰富性的人或创造具有深刻感受力的丰富而全面的人作为社会发展的最高目标，他深刻地指出："一方面为了使人的感觉成为人的，另一方面为了创造同人的本质和自然界的本质的全部丰富性相适应的人的感觉，无论从理论方面还是从实践方面来说，人的本质的对象化都是必要的。"而现代美育思想亦都是从"以人为本"的哲学观念出发，将审美贯穿于人的生成和发展的全部历程之中，具有照亮生活与指引生活的崇高价值。

其次，实现人的全面而自由的发展是马克思主义历史唯物主义的人学理论，马克思在《关于费尔巴哈的提纲》中对旧唯物主义进行了批判："从前的一切唯物主义——包括费尔巴哈的唯物主义——他主要缺点是：对对象、现实、感性，只是从客体的或者直观的形式去理解，而不是把它们当作人的感性活动，当作实践去理解，不是从主体方面去理解。因此，结果竟是这样，和唯物主义相反，唯心主义却把能动的方面发展了，但只是抽象地发展了，因为唯心主义当然是不知道现实的、感性的活动本身的。"这种见物不见人的旧唯物主义哲学理论是对现实生活与人类命运的远离，是脱离时代需要的。马克思主义的人学理论是将对于事物的理解奠定在主观能动的感性实践基础之上的，是理性与感性的统一。

最后，人的全面发展意味着人的各种潜能的全面开发、提高并相互协调，而人的自由而全面的发展本身就是一种至高的美。片面地发展人格的某一方面，或者在人格分裂的状况下发展人格的某一方面，会造成人格的畸形。在完整的人格中，真、善、美是构成要素，中心，真是基础，善是真的形式，美是真和善的升华。培养自由而全面发展的人，就必须要求主体开展体现真善美的实践活动，使人格中的知、情、意不断得到丰富。所以，自由而全面发展的人一定是将真、善、美内化统一的人。美育之于人的全面发展，正是必然与自由的统一，美育促进人性的完成，而人性完整实现的理想境界总是浸润在审美状态中的。

第二节　马克思主义理论教育中美育实践的基本原则

一、知、情、意的统一

将美育实践与马克思主义理论教育相结合，构建知、情、意相统一的三重阶段的融入式教学策略，增强学生面对马克思主义理论学习时的积极能动性，培养学生洞察和思辨问题的理性思维能力。这既有助于学生全面素养的提高，也对完善马克思主义理论教育的改革和创新大有裨益。

哲学家罗素说："我们所有的知识都可以分为亲知和描述两种。"马克思主义理论教育以灌输和说教居多，学生所获知识多为通过老师的"描述"而被动接受的他家之言，少有自己主动参与创造的个人主张。这种被动学习接受的理论知识在面对社会实践中复杂多变的具体问题时将一筹莫展。罗素还进一步强调："一切从描述获得的知识都要还原为亲知，才能最终具有意义。"而还原的手段尤为重要，包括感觉、记忆、反省或内视等。情、意、行的教育，恰好成为这些还原手段的重要载体，形成由"非亲知"达至"亲知"的绝佳桥梁。马克思主义理论教育正是借助以"知"为基础的"情""意"，帮助学生建立理性与感性的双重视野，帮助学生将马克思主义理论知识"入脑"更"入心"。

（一）马克思主义理论教育中美育实践的重点在内化理论实践

开展马克思主义理论教育不能只关注于理论知识传授，更要注重理论践行与美育实践。当前，马克思主义理论教育只重视理论的讲授与传播，却忽略了情感、意志和行为在马克思主义理论教育中的作用。马克思主义理论课教师在：面对理论与实践脱离、教学实效性不高等窘境时，应意识到，除了具备基本的马克思主义理论相关知识外，还要有丰富的情感、坚强的意志和良好的道德行为规范等因素作为支撑。学生正确的价值观念和品德意志应是知、情、意的统一，故马克思主义理论教育的美育实践应当从升华认知、丰富情感、坚定意志几方面入手。

（二）知、情、意是马克思主义理论教育中美育实践的实现途径

第一，认知教育。"知"是马克思主义理论教育素养提升的奠基石，是在马克思主义理论教育中获得的关于理论知识的理性认识，具有明理功能。在传统的价值观念逐渐瓦解的当下，对学生加强马克思主义理论教育刻不容缓。教师按照美的规律，将美育实践融入马克思主义理论教学中，通过审美手段，将马克思主义的原则、方法内化于学生心中，一旦学生自发、自愿学习接受了马克思主义理论，理论便能在学生心中"生根""发芽"并"结果"。由此可知，认知教育是情感教育、意志教育的基础，也是夯实马克思主义理论教育的思想根基。

第二，情感教育。"情"就是指情感，即人对客观事物的态度体验。如果对事物的态度是积极的，就会引发内心喜欢、愉快等情感，反之就会引发厌恶、愤怒等情感。情感与人的需要有密切的联系。需要是人行为的基本动力，一般来讲能够满足人需要的就会引发喜欢或肯定，反之就会产生厌恶或否定。当学生认为学习内容不能满足需要时，那就是失去了学习积极性或者学习的积极性不高。对于马克思主义理论的学习也是这样的。不少学生认为学习马克思主义理论与个人未来发展关系不大，不能满足自身的需要，在学习上没

必要投入太多的时间和精力，于是就出现马克思主义理论课到课率偏低、上课抬头率不高、玩手机、打瞌睡等现象。而在面对学生这种消极的学习态度、学习表现以及沉闷的课堂气氛时，不少任课教师便感到茫然，讲课提不起精神，自信心也受到严重打击。而情感教育正是马克思主义理论教育实效性提升的有效催化剂。

情感教育以境激情，情理融通，通过在实践活动中剖析解惑，使教学更贴近学生，是马克思主义理论教育成为理论认知内化及个体完善自我、超越自我的良药。

第三，意志教育。"意"就是意志，指在实践过程中表现出来的克服障碍、战胜困难的毅力和决心以及对工作和学习的精益求精的精神。意强调自觉能动性的重要作用，通过"克己""修身"及"持志"克服各种困难与挫折，是人们通过理智权衡，解放思想和生活中的内心矛盾与支配行为的力量。有没有坚强意志也是衡量学生素质高低的重要标志。

学生素质品德的养成是一个漫长的过程，在这个过程中，面对各种困难和挫折时需要坚强的意志作为支撑。例如，很多学生容易受到内在情绪和外界环境的干扰，对自己缺乏勇气和信心，在挫折、困难面前常常只有具备了顽强的意志，学生才能在学习的时候，排除各种干扰，坚持到底。对于广大青年学生来说，只有具备了坚强不屈的道德意志，道德认识和道德情感才能得到升华，才能转化为一种道德信念，最后通过道德行为表现出来，才能在美育实践中勇往直前，自觉抵制各种腐朽思想的侵蚀。因此，在马克思主义理论教育的美育实践过程中，意志坚强就成了良好道德修养的关键因素。意志教育将提高学生运用马克思主义理论进行美育实践和道德判断的集体意识，训练学生在实践中将想象力与意志力相结合的能力，从而引导学生的审美实践。

马克思主义理论教育中的知、情、意是统一的。晓之以理、动之以情、践之以行是同一过程的三个方面。教师向学生传授知识的过程，是美育实践的过程，是师生情感的交流过程，也是教师"为人师表"在教学中的具体表现。而学生从教师身上学到的不仅是知识，而且是高尚的情操和做人的道理。如果教师在教学中不能把知、情、意相统一起来，就不能把马克思主义理论的"真经"传给学生，学生也就因此而缺乏学习这门课的兴趣，学生的学习情绪反过来又会影响教师的教学情绪。要摆脱这种恶性循环的困境，在马克思主义理论教育的美学实践中就必须把知、情、意统一起来。

二、真、善、美的统一

首先，马克思主义理论教育中美育实践的"真"，是指我们根据马克思主义理论教育所做的美育实践能真正符合时代的需求、学生的需求，必须经得起实践的考验，在实施的过程中能使理论教育获得内在的动力和可靠的指向，并成为文化学习的组成部分。我们应从对人本质的理解出发，去从事马克思主义理论教育工作。

其次，马克思主义理论教育中美育实践的"善"，指的是教师在实现教育目的过程中对于现状的认知及满足，实现教育目的与学生的良性互动，产生审美效应，教育就达到了"善"，即通过一定形式的审美实践，使世界观、人生观、道德品质、行为习惯和人格特征等因素以综合统一的功能形式表现出来。

人的全面发展是马克思主义的一个基本观点，是指人的自我意志获得自由的体现，人的各种需要、潜能素质及个性都能获得最充分的发展，人的社会关系获得高度丰富等。人的全面发展是一个历史范畴。马克思主义理论教育表明了对人本质认识的真理，这就集中地体现了当今时代先进的教育教学思想体系，完整地满足全体学生的根本利益，全面反映了社会发展求善的愿望。因此，马克思主义理论教育的本质也是"善"。马克思主义理论教育中美育实践的"善"，集中地表现为理论的实践对提高人的素质所产生的重大影响和推进作用。

最后，马克思主义理论教育中美育实践的"美"，是指自在自为的"美"的境界，这是人的本体论境界，它是人存在的本体维度。因此，在马克思主义理论教育的美育实践中，教师的本质力量全面展开于客观之中，教师和学生都能从实践过程中获得愉悦、幸福和成功的体验时，教育就达到了美。教育的美，既是客观存在，又有观念形态的属性，是自在性、自为性、精神性等的内在统一。

美育促使人的意的心理结构趋向完善，为马克思主义理论教育的实践提供丰富生动的内容。一个全面发展的共产主义新人，首先应该具有高度的思想觉悟和高尚的道德情操。马克思主义理论教育的根本目的是培养完整的人、全面发展的人，它偏重于说教。而美育主要是靠美的形象打动人，把美育寓于马克思主义理论教育之中，以美扬善，使人在效法榜样的潜移默化之中实现理论教育，使人乐善好为。美和善既有联系，又有区别于美并不是善，但它离不开善。善是美的灵魂，美的事物从本质上讲应该是善的。所以，实施美育，就是使人在对于美的追求中，明确善恶，振奋精神，使人热爱祖国，热爱生活，热爱劳动，"归心"向善，从而乐于接受马克思主义理论教育。

人的个体意识及其能力，总是以审美意识为基础的。所以，进行马克思主义理论教育，塑造学生的人格，培养他们全面发展的远大理想，美育是十分有效和直接的途径。马克思主义理论教育的美育实践，反映了理论教育的真理，能促进学生对人本质特征深刻、正确的认识，符合全体学生的根本利益，体现了马克思主义理论教育的整体性与和谐性，是真、善、美的有机结合与高度统一。真、善、美三者的和谐统一不仅是衡量学生思想道德水平的一个多维效果分析体系，更是检验我们马克思主义理论教育成功与否的重要标志。马克思主义理论教育的美育实践从求真出发，在建立了对人本质特征——自由自觉的活动这一正确认识的基础上，以善为目标，促进学生的全面发展，实现真、善、美三者的有机统一，完成马克思主义理论教育的目标。

三、教育与自我教育的统一

教育与自我教育相互依存、相互作用，在马克思主义理论教育的美育实践中需要将两者有机统一起来。

这里的"教育"指的是教师按照一定的现实客观要求，对学生进行有系统、有组织、有计划的马克思主义理论教育，使他们获得一定的知识、技能，促进其全面的、协调的发展，引导他们形成正确价值观、人生观、世界观，是一种"他人教育"。"自我教育"是指个体或者群体，根据社会规范和自身发展的需要，在自我意识的基础上，把自身作为发展对象，通过自我认识、自我体验、自我控制而影响其理论素养和身心发展的活动。

苏联著名教育家苏霍姆林斯基在《教育与自我教育》一书中提出了"真正的教育是自我教育"的著名论断。他明确指出，"教育这个概念，在广义上就是对集体的教育和对个人的教育的统一；而在对个人的教育中，自我教育是起主导作用的方法之一"。他还说："只有学会进行自我教育，才可成为一个真正的人。不然用长远的眼光看去，我们造就的就只能是一个不幸的人，而不幸的人是我们社会的大灾祸。"指出了教育与自我教育的统一性原则。

马克思在对无产阶级进行理论教育的过程中，也非常强调教育与自我教育相结合这一理论教育原则和方法。他认为，科学的理论不是自发地在实践中产生的，坚持对无产阶级进行理论教育是根本指导方针。"共产党一分钟也不忽略教育工人尽可能明确地意识到资产阶级和无产阶级的敌对的对立"，以作为反对资产阶级的武器。马克思的一生都在为教育无产阶级这一伟大任务而努力。同时，他也认为，无产阶级应当通过革命实践自己教育自己。马克思在《〈黑格尔法哲学批判〉导言》中指出："无产阶级宣告迄今为止的世界制度的解体，只不过是揭示自己本身的存在的秘密。"马克思还说道："工人阶级的解放应当是工人阶级自己的事情。"因此，无产阶级正是在与资产阶级的殊死斗争中，启发无产阶级的阶级意识，获得了宝贵的斗争经验，在革命实践中完成了自我教育的历史任务。

所以马克思主义理论教育的美育实践作为马克思主义理论教育过程中的重要环节，同样遵循教育与自我教育相统一的基本原则是应有之义。

马克思主义理论教育的理论和实践证明，在马克思主义理论教育过程中，没有自我教育的他人教育是难以扎根、虚伪的教育；离开他人教育的自我教育则是缺乏引导、没有方向的自我教育。只有将他人教育与自我教育相结合，才能使整个教育过程富有成效。教师和学生共同对马克思主义理论教育的有效性承担责任。如今，教育和自我教育相统一这一宝贵经验已经上升为马克思主义理论教育理论原则体系的重要组成部分，在实践中经受反复检验，行之有效，并最终成为我们耳熟能详的基本工作方法。

在马克思主义理论教育过程中，教育和自我教育的统一应是一种境遇性的交往方式，尤其是在当下，马克思主义理论教育需要抛弃传统旧式的居高临下、自以为是的教育模式，转变为平等、开放、民主、互动的、有审美渗透的理论教育模式。教育与自我教育相统一体现在马克思主义理论教育过程，尤其是其中的美育实践过程时，其实是一个非常具体的教育情境。在此情境中，原有的理论"说教"极易引起学生的反感和厌恶教育与自我教育的统一旨在通过他人教育启发教育对象的自我教育意识，他人教育要为自我教育准备必要的客观条件，使教育对象在开放、多元、变动不安的教育环境中依据教育者所传递的价值观进行自我选择和自主建构，并对自己的选择切实地承担选择的责任。联合国教科文组织的一份报告指出，"未来的学校必须把教育的对象变成自己教育自己的主体。受教育的人必须成为教育他自己的人；别人的教育必须成为这个人自己的教育""教育必然是从学习者本人出发的"。

教育与自我教育的统一，在马克思主义理论教育中，应体现为培养学生自我教育意识、自我教育习惯和自我教育能力的教育意向和动机，努力培养学生的价值观，确立正确的价值标准，在多元化的开放社会中对自我进行积极负责的精神建构和身心发育，这也是一个人真正实现精神成长、永不衰竭的动力所在。所以我们应该鼓励马克思主义理论教育美育实践活动的开展。在实践活动中，应增强和提升认知及情感在马克思主义理论教育中的需求，而这恰恰与美育实践的性质和功能诉求是完全契合的，这种美育实践活动也应遵循教育与自我教育相统一的原则。只有这样，才能有效地保证教育和自我教育的对接和沟通，才能使二者顺利地实现教育内在矛盾转化环节的顺利链接而不至于"掉链子"，才能保证宝贵的教育资源不被浪费，才能保证教育时机不被延误；也只有这样，才能激发并提升学生对马克思主义理论学习的兴趣和动力，增强马克思主义理论教育的吸引力和美誉度，保持教育和自我教育结合的相互期待和渴望。

我们还应注意，坚持教育与自我教育相统一原则能否在马克思主义理论教育的美育实践中实现运用及实现运用的程度如何与以下几方面有关：第一，教师对学生及教育内容的认同及情感情绪；第二，学生对教师及教学内容的认同及情感情绪；第三，学生的学习动机是否与教师教育的动机方向一致或一致程度有多少？动机方向的一致性越高，教育过程就越积极，结合效果也就越好，教师的教育意图完成得也就越充分，学生的教育需要也能得到较大程度的满足，教育和自我教育的目的也就都可能得到最大程度的实现。反之，教育质量将得不到保证，美育实践的教育过程也将大打折扣。

所以，我们要充分尊重教师和学生的主体意识，他们是平行互动、共生互决、教师为主导学生为主体的双主体关系，而不是决定与被决定、主动与被动的不平等关系。教师与学生之间及其知识对象、教育内容之间平和融洽的情感关系是马克思主义理论教育内容得以最大化、最优化传递的首要条件，任何抵触、反感和敌对情绪都会阻碍甚至中断知识的传递，甚至发生"教育危机"。我们要把审美的情感因素作为马克思主义理论教育重要的载体之一，通过审美实践，创造热爱、向往、仰慕、亲切、和善等有助于提高马克思主义理论教育实效性的教育过程，使教育过程"喜人"而不是"烦人"。只有将美育实践渗透式地融入马克思主义理论教育中，才能把外在于人的他人教育和内在于人的自我教育贯通起来，把马克思主义理论教育转化成人的一种生存方式和自我发展的内在需要。唯有如此，马克思主义理论教育才是有活力、有吸引力、有生命力的理论教育，才是能够引导、启动并实现自我教育的理论教育。

第三节　马克思主义理论教育中美育实践的基本方法

一、审美意识的培养

审美意识，顾名思义是关于美的意识。审美意识是人的自我意识的一部分，自我意识是人对自我的意识，它是人之所以成为人的重要根据。也就是说，当人真正成为人，它就有审美意识了。当人从自然界脱离出来，成为人的时候，审美意识就诞生了；当人实现社会化，内化于社会规定性的时候就成就了审美意识。审美意识作为一种社会意识，属于意识范畴，是一种特殊的意识。"就个体来说，审美意识是个体的世界观、人生观、价值观的主要组成部分之一，是其人生志趣与社会理想在审美方面的体现。

马克思主义从辩证唯物主义与历史唯物主义的视角，将历史与现实、主体与客体高度统一起来，对审美意识产生的根源以及形成和发展做了科学的诠释，是我们分析和考察马克思主义理论教育美育实践的理论指导。"思想、观念、意识的生产最初是直接与人们的物质活动，与人们的物质交往，与现实生活的语言交织在一起的。"是在主客体辩证统一的基础上分析美的问题。"意识在任何时候都只能是被意识到了的存在，而人们的存在就是他们的现实生活过程。"认为审美意识与人类一切意识一样，是对客观事物或现象的能动反映，是社会存在的产物。"它的内容与特性归根结底取决于审美对象的存在与发展，决定于社会存在的一定发展状况和水平。"将审美意识作为对于审美对象的一种能动的反映。马克思在谈到审美意识的反映形式时说，"只是由于人的本质客观地展开的丰富性，主体的、人的感性的丰富性，如有音乐感的耳朵、能感受形式美的眼睛，总之，那些能成为人的享受的感觉，即确证自己是人的本质力量的感觉，才一部分发展起来，另一部分产生出来"，"审美意识作为一种特殊的精神活动，它的根源与本质也只能从生产活动这一人类基本实践中探求"。

由此，我们得出，审美意识既不是人的头脑中所固有的主观意识，也不是人的理念的显现，更不是人的动物性本能，而是社会实践的产物。人们正是在改造客观世界的劳动过程中，也改造着自己的主观世界，丰富和发展人的各种意识、能力。在社会实践中，人的思想情感、意志力量、智慧能力能够形成并不断丰富和发展。当人能在客观世界中直观自身、肯定自我，感到愉快即获得审美感受时，审美意识也就产生了。

审美意识与政治、道德、哲学等意识方面的联系并不直接而明显。由于审美意识的核心是对人的生存与发展的自觉意识，所以，它与人生观的联系最为密切，是一种肯定和追求情感自由与精神享受，肯定和创造人与自然、个体与社会协调一致的人生境界的价值观念与生活态度。虽然，审美意识与人生观并不是直接等同的，甚至有时会产生部分的错位、背反或差异，但它们在实质上是相通的。

可以从以下几个方面加强审美意识的培养：

第一，审美意识的培养首先需要环境氛围的熏陶。美化的环境、仪表的注重，都只是表态的美。若要想唤起人们的美感、培养他们的审美感知能力，最为需要的是创设一个"美"的氛围。在马克思主义理论教育的美育实践中，教师应当为学生的审美对象和美感的诱发者。在实践活动中，"美"的氛围营造取决于教师深刻的思想和丰富的感情，取决于对理论教材透辟的理解，这样方能做到"辞以情发"而不故作姿态。教师或娓娓道来，或抑扬顿挫，都应是情不自禁地。

第二，培养审美想象力。想象是一种创造性的思维活动，是智力结构中的一个主要的方面。在马克思主义理论教育中，教师必须加强学生的实践能力，使他们获得尽量多的直接或间接的理论经验，艺术的熏陶以及良好的审美体验都是培养学生审美想象力的极好的凭借。学生在背诵、理解马克思主义相关知识理论时不能一味地死记硬背，老师要发挥美育的功能引导学生展开形象记忆和情感回忆，而学生只有具备了形象记忆和情感记忆的审美能力，才可能把感知到的表象进行综合、创造，发挥想象在审美判断中的作用。

第三，培养美好的情操。美好的情操能够产生高尚的审美情趣，美好情操的培养是培养审美意识的主要方面，教师应在马克思主义理论教育实践中充分利用现行理论教材中的有关内容，以美育人、以美怡情。这在我国古代的诗文中都有所表现。如唐代诗人刘禹锡的《陋室铭》，表达了一种高洁傲岸的节操和安贫乐道的志趣；南宋诗人陆游的《十一月四日风雨大作》则表现了一种驰骋疆场、保家卫国的冲天豪情。只要教师不断对学生进行美的感化、熏陶，一定能使他们树立正确的审美理想，具备健康的审美情趣和坚定的意志。

第四，引导学生积极参加各种美育实践活动，感悟自然美和评价社会美，达到培养审美意识的目的。自然为人类提供了无限广阔的审美领域，以其不息的运动给人类以极大的审美享受，使人获得精神解放。所以，引导学生发现自然美、感悟自然美，将直接使其人格、气质得到发展和完善。社会美同人类社会直接联系在一起，评价社会美就必须把学生引向社会，带领学生向社会实际拓展，学习英雄模范人物的高尚品德、美好心灵、伟大人格。这使学生不断加强自我修养，塑造美的心灵。只有这样，才能使学生具备评价社会美的能力，增强审美意识。

我们需要注意，美育中的审美意识教育有它的特殊规律，依靠灌输和说教只会事倍功半甚至收到相反的效果，更不能用强制的方法。在马克思主义理论教育的美育实践中，学生对理论知识的掌握和运用是他们发自个体人格的审美需要，是个体的审美体验和情感态度，并在这个过程中审美趣味与审美观念都得到真正的发展，而不是在审美判断上的弄虚作假。

二、审美环境的营造

（一）社会审美环境

在社会生活中，生产劳动的美，社会斗争的美，一般生活的美以及人自己的思想品格、情操、仪表、行为、语言、体形、体貌的美，时时处处都在愉悦着人们的精神，熏陶着人们的思想，是社会环境的组成部分。我们可以从物质环境和文化环境两个方面来具体解读社会的审美环境。

首先是社会文化环境的美化。良好的文化环境对学生人生观、价值观的形成起着不可估量的作用。同时，文化环境的好坏甚至直接影响着各级各类学校对学生进行素质教育的质量。近年来，在政府的重视下，社会各界为创造良好的社会文化环境做了大量的工作，也取得了一定的成效，但仍存在着大量的问题。我们面对某些负面的社会文化因素，除了制定一系列的法规政策进行约束与管制外，更需要的是做好心理疏导工作，并顺应时代发展潮流，制作大家喜闻乐见、充满正能量的精神产品，满足社会文化需求，进一步美化我们的社会文化环境，促进个体健康人格的形成。

其次是社会物质环境的美化。这主要是指物质设施的美化。它最基本的要求是整洁。即使设施很简朴，只要环境整齐清洁，便会使人有神清气爽的感受，能感受到一种朴实无华的美；相反，如果环境杂乱肮脏，即使设施价值再豪华高档，也会让人烦躁不安。无论是城市的物质环境，还是学校的物质环境，都是学生学习和生活的重要场所。优美的物质环境，不仅会给人富有朝气的精神面貌，而且能大大提高人的学习和工作效率。人人都希望生活在一个整洁、优雅的环境当中。因此，社会物质环境不仅要消除大气污染、噪音污染以及视觉污染等公害，还要在整洁、优雅的基础上，具有风格多样而又统一的建筑布局，便利的服务网点，健康丰富的文化娱乐设施，迅疾的通信设施，良好的交通工具，体现地方特色的标志性建筑或纪念物等，使人们以生活其中为荣，以生活其中为乐。我们要按照美的规律来美化我们赖以生存的物质环境，建设一个有利于培养青少年健康人格和高尚情操的社会审美环境。

（二）家庭审美环境

社会是由家庭组成的，家庭以婚姻和血缘关系为构成基础，是一个人生活的基础。在人们的日常生活中，家庭总是与亲切、温暖、舒适、安全、愉快、关心、理解等积极感情密切联系在一起。家庭的这种特性，使家庭生活富于情感性。这样，就使得整个家庭教育呈现出浓郁的审美色彩。家庭是人生的起点，也是美育的起点。家庭生活是人类社会生活的一个重要领域，也是审美教育的一个重要领域，一个人的一生约有三分之二的时间是在家庭中度过的。因此，家庭教育给予人的影响最早、最长，也最深。之所以家庭审美教育能给予人如此大的影响，是因为家庭美育是建立在以血缘和亲情关系为纽带的家庭日常生活的基础之上的。家庭日常生活的内容极为丰富、广泛、具体，并处处注入感情的因素，对家庭成员尤其是孩子施加着全面入微的深刻影响。家庭美育的主要对象是孩子，父母则是家庭美育的天然教师。我们应该把家庭日常生活看作一种教育，从这里找到家庭美育实施的途径。

家庭生活环境的审美化，主要通过住宅的优化来达到培养、启迪和提高人们精神情趣的目的。可将其分为室内美和室外美两个方面来分别论述。室外美，是指作为家庭居住小区周围环境的整体美，如居住区中的绿化，采光，道路与建筑物的总体设计等；室内美，是指家庭居室的布置和装饰，如室内色彩的选择，家具与摆设的设置等。一般来说，前者需要社会的努力，后者则体现了个人的兴趣爱好乃至精神面貌。理想的住宅美，应该是室外环境美和室内环境美的和谐统一。但是，室内环境的布置与装饰在体现个性的同时，还应该遵循一些美学上的共同原则，如合理、恰当、和谐等。此外，家庭生活环境的审美化还表现在服饰美方面。随着人类社会生产力的发展和人们生活水平的提高，服饰具有越来越重要的美学意义。服饰能体现一个人的文化素养和个人气质，反映出他的精神世界和审美观念。追求服饰美应遵从美学上的和谐原则，即是否和个人的身份、形体、性格、气质和谐统一，是否与周围的社会环境和谐统一。如果违背了这一原则，一味追求奇装异服的"时髦"，必然毫无美感，甚至弄美成丑。

家庭生活环境如何，对人的生理与心理都会产生直接的作用。审美化的家庭生活环境，有益于人的身心健康，尤其对孩子的健康成长产生良好的"引导"作用，十分重要。家庭是社会的细胞，家庭的人际关系从根本上说仍然是人的社会关系。成员之间天然的情感联系，给家庭的人际关系添上了浓郁的审美色彩。家庭美育的又一个途径，就是要以审美化的观念来处理和协调家庭人际关系，使之处在和谐与美满的最佳状态之中，借以塑造以孩子为重要对象的家庭成员的美好心灵，形成人性美、人情美、人格美，使人们的思想感情得到升华，达到尽善尽美的境地。

（三）校园审美环境

校园环境是校园文化的一个重要组成部分，它为校园提供了一个审美空间，也为师生创造了一种审美氛围。一种良好的校园审美环境是一部内容丰富多彩、形式各异、富有内涵的教科书，它能够潜移默化地对学生进行美的熏陶；同时，它又是一种无形的约束力，能使学生自觉地按照美的规律和要求来规范自己的言行，使人和环境保持高度的和谐统一。

首先，加强校园物质文化环境建设。学校的物质文化是学校在发展过程中积累下来的外在物质化形式的统称。它是校园文化建设的前提和条件，是精神文化赖以生存和发展的基础和载体。校园的物质文化环境包括校园建筑造型、校园布局、教学科研设施和文化体育设备，等等。它是一种校园精神、文化素质的综合体现，代表着学校的文化水准和审美情趣。建设完美合理的校园物质环境，会给人以赏心悦目的美的享受，让人受到美和智慧的启迪，是一种强大的教育力量。很难想象建筑支离破碎、人员熙攘嘈杂的环境能给人以美的享受和良好的心境。校园物质环境建设，一要靠资金的投入，二要靠养护。学校在拓宽资金来源渠道的同时，应制定校园建设的规划，改善建筑布局，完善各种基础设施，增设代表学校办学思想的雕塑，搞好绿化等，发挥物质环境的美育功能。

其次，加强校园精神文化环境建设。学校精神文化环境建设的核心内容是校风建设，是一所学校精神风貌的集中体现。努力构建一个生机勃勃、稳定和谐、健康向上的美的校园氛围，对于学生的健康发展是必不可少的，可以起到陶冶情操、加强审美修养、启迪智慧的作用。只有形成健康独特的校园风气和校园精神，才会使校园的物质文化环境和精神文化环境的美化表里如一，具有丰富的内涵，形成真正的审美氛围，充分发挥校园环境的美育功能。

第五章 马克思主义教育与生产劳动相结合

第一节 教育与生产劳动相结合思想的产生和发展

一、教育与生产劳动相结合是近代社会生产发展的历史必然

教育这一社会现象，自人类社会出现就已经产生，并随着社会的发展而发展。可是，在原始社会，由于生产力水平的低下，教育并没有独立，而是主要结合在生产劳动过程中进行的。那时的教育和生产劳动是同一的社会过程。生产劳动经验和技能是在生产过程中，由年长一代向年轻一代进行传授。

后来随着社会分工的出现和生产力的不断发展，出现了私有制和阶级，人类开始进入了阶级社会。同时人们进行交往的手段也在随之扩大，除口头语言外，文字也开始产生。生产力的提高、脑体劳动的分离，以及文字的出现，就使教育开始从生产劳动过程中分离出来，学校作为一种专门的教育机构，便应运而生。这时学校教育在生产劳动之外，成为一个独立的教育过程。

由于学校教育的有效性，学校一产生，便被统治阶级所垄断，成为统治阶级培养本阶级统治人才的工具。同时加上当时生产力发展的有限性，劳动的经验和技能也比较简单，还不用在生产过程以外来传授，所以，学校教育的内容主要是传授统治阶级的伦理思想和治国权术，生产经验和劳动技术是被排除在学校教育之外的。教育权在统治阶级之手，劳动人民子女只能依旧在生产劳动过程中接受教育。这便开始了学校教育同生产劳动相分离。教育同生产劳动的这种分离，直到近代以前，一直是历代学校教育的共同特征。

而近代社会的情况却不同了。近代生产由手工业向大工业的转变，打破了以往的常规。正如马克思所指出的，大工业的本性是以科学技术为基础的，因而是革命的。大工业打破了手工业技术基础的保守性。这在大工业萌芽时期，就已经反映出这一发展趋势。由

于科学技术同生产的日益结合，使过去几千年来劳动者那种单纯在生产劳动过程中，靠师傅带徒弟的方式，来学习和掌握劳动经验和技术的传统，已经不能适应现代生产需要了。劳动者也需要有文化，甚至也需要懂科学。如恩格斯所指出的，尽管在资本主义早期阶段，谁也说不清工人到底需要有多高文化，但是，要生产就需要有文化，这是资产阶级也看到的。劳动者要学文化，就需要受教育。同时，生产劳动同科学技术的结合，使生产劳动知识和技能越来越复杂化，生产劳动过程本身也再无力独自担负起工人的生产劳动教育任务，生产知识和技术，必须靠学校教育来传授。另外，作为现代统治者的资产阶级，也不能再像从前的统治者那样仅靠伦理道德和政治权术进行统治（当然这些仍然是重要的），还必须掌握现代生产的科学和技术。这样一来，就必然一方面打破了生产过程的保守性，使生产日益同科学技术的教育相结合；另一方面也打破了学校教育任务和内容的单一性，使教育和生产劳动结合起来。这说明，教育与生产劳动相结合，完全是现代社会生产的必然趋势。以往学校教育同生产劳动的分离是历史的必然，近代开始的教育与生产劳动的结合，也是社会发展的客观规律。这正是马克思主义关于教育与生产劳动相结合客观必然性认识的科学基础。

二、马克思主义以前的教育与生产劳动相结合的思想及其问题

教育与劳动相结合的思想早在马克思主义产生以前，在资本主义开始发生和发展的时期就已经出现了。不过，在早期阶段，这一思想还只是作为劳动教育思想表现出来的。

16 世纪初，早期的空想社会主义者托马斯·莫尔在他的《乌托邦》一书中就表明了人人都必须从事劳动的思想。他提出，在他理想的"乌托邦"社会里，人们"从小就学习农业，部分是在学校接受理论，部分是在城市附近的田地里实习。儿童被带到田里，就仿佛被带去游戏。他们不但在田里观看，而且为了锻炼身体，也去操作。除去我们说的每个人要从事农业外，还须学一种手艺作为专门职业"。这是教育思想史上最早的有关教育与劳动结合的思想。

17 世纪的某些资产阶级的进步经济学家，如约翰·贝勒斯也表述过教育与劳动相结合的思想。马克思曾引述过他的言论，并给予很高的评价。马克思说："政治经济学史上一个真正非凡的人物约翰·贝勒斯，早在 17 世纪末就非常清楚地懂得，必须结束现行的教育和分工，因为这种教育和分工按照相反的方向在社会的两极上造成一端肥胖，一端枯瘦。"

18 世纪的法国民主主义者、资产阶级启蒙思想家卢梭也主张儿童既要学习，又要劳动，对儿童要进行劳动教育。他认为劳动是社会人不可避免的责任。他把不劳而食的人称

作流氓、强盗。他说一切游手好闲的人都是骗子。所以，他主张教育儿童就从小学习农业、手工业技术，凭自己双手谋生。

瑞士的民主主义教育家裴斯泰洛齐受卢梭影响，不仅倡导教育同劳动结合，并且力图付诸教育实践。他非常关心由于社会动乱而造成的流浪孤儿，办了一所"新庄孤儿院"。他在教育实践中一方面要孩子学习知识，另一方面教孩子从事农业、手工业劳动。他请专人在田间、工场教给孩子农业和纺织技术，同时在劳动过程中或劳动之后，亲自教学生读写和计算。

特别是19世纪初的伟大空想社会主义者，他们对教育与生产劳动相结合的思想，不论在理论上还是在实践上，都取得了重大的成就。法国的空想社会主义者沙利·傅立叶就明确主张要使儿童从小就养成劳动习惯，使劳动像游戏一样让儿童感到愉快。伟大的英国空想社会主义者罗伯特·欧文认为，教育与劳动结合，可以促进人的发展，并且在他领导的工厂里进行了新的试验，力图在实践上把劳动和教育结合起来。他为1~6岁的儿童设立"幼儿学校"，让他们从小学习唱歌跳舞，注意体育、美育。为6~10岁儿童设立小学，儿童在这里不仅学习语文、算术、地理、自然、历史等课程，而且学习劳动。让男孩学习简单的手工劳动和园艺，让女孩学习剪裁、缝纫和做饭。儿童从10岁起，白天在工厂做工，晚间上夜校，把教育同生产劳动结合起来。对于欧文的这种试验，马克思和恩格斯都曾给予高度评价，认为在这里萌发着"未来教育的幼芽"。

综上可述，教育与劳动结合的思想，在马克思主义产生以前就有，并且在历史上起过积极作用。尤其是空想社会主义者的教育与生产劳动相结合的思想，更富有积极意义。但是，在马克思主义以前，这些思想都带有时代的特征和阶级的缺陷。他们存在的共同问题是：

第一，他们的教育与生产劳动相结合的思想都是从人性自由平等的政治观念出发，以资产阶级的人道主义为理论基础的。他们都不了解教育同现代生产的真正关系。

第二，以往的教育与生产劳动相结合的思想内容，大都强调的是教育同农业、手工业劳动的结合，生产技术存在保守性。欧文虽然从事的是大工业，但在教育实践上却仍然是着重教育儿童学习园艺、农业、家务和某种手艺，而没有解决教育同大工业的结合。

第三，以往的教育与劳动结合的思想，注重的只是形式上的结合，而没有从实质上解决问题。所以，从严格意义上说，都是一种劳动教育思想，算不上真正的教育与生产劳动相结合。

三、马克思主义对教育与生产劳动相结合思想的伟大变革

在马克思主义产生以前，许多民主主义教育家和空想社会主义者就已经提出了教育与

生产劳动结合的思想。但是由于他们的思想都受时代的限制，所以，也就必然带有时代的痕迹。他们的教育与生产劳动结合的思想，反映着他们所处的时代特征、阶级地位以及世界观的局限性。尽管如此，他们关于教育与生产劳动相结合的思想，毕竟是反映着现代社会发展的要求，因而仍不失其积极意义。特别是空想社会主义者的教育与生产劳动相结合的思想，直接为马克思主义创始人所批判继承，成为马克思主义的教育与生产劳动相结合原理的思想渊源。

马克思主义的教育与生产劳动相结合的思想同马克思主义的其他思想一样，对待历史优秀遗产，都不是简单地接受和继承，而是在严格审查和批判的基础上进行吸收与发展的。因此，马克思主义的教育与生产劳动相结合的思想，也是对以往教育与生产劳动相结合思想的重大变革。

第一，前面谈到，以往的教育与生产劳动相结合的思想，都是以人性的自由、平等为出发点，以人道主义为基础的。所以，他们至多不过是把教育与生产劳动相结合看作一种社会改良的手段，而不懂得教育与生产劳动相结合和根本改造社会制度的真正关系。

马克思主义则完全不同。马克思主义的教育与生产劳动相结合思想是从现代社会生产的客观规律出发，并且把教育与生产劳动相结合，同根本改造旧社会，同劳动人民的发展和解放，同实现共产主义的任务联系起来了。这样就使教育与生产劳动相结合思想奠定在科学基础之上，使这一思想从改良主义思想体系中解放出来，从而成为无产阶级教育的根本原则。

第二，以往的教育与生产劳动相结合思想，大都是以教育同农业、手工业劳动结合为内容的。而马克思主义的教育与生产劳动相结合思想则不同于以往，它是建立在大工业客观规律基础上的。马克思主义更重视教育同现代大工业生产劳动的结合，这样就使教育与生产劳动相结合的思想彻底摆脱了保守性和空想性质。

第三，以往的教育与生产劳动相结合思想，都只是注重形式上的结合。只要形式上既有劳动，又受教育，就认为是实现了二者的结合，并不了解结合的实质。而马克思主义的教育与生产劳动相结合思想，既重视教育同生产劳动形式上的结合，同时更重视实质上的结合。因为马克思主义已经看到了现代生产同科学技术结合的客观规律。因此，马克思主义的教育与生产劳动相结合思想，并不限于"只是把初等教育同工厂劳动结合起来"，而是更把着眼点放在"工人阶级在不可避免地夺取政权之后，将使理论的和实践的工艺教育在工人学校中占据应有的位置"。正是基于这一认识，马克思第一次提出了综合技术教育思想，这就使教育与生产劳动的结合，从形式深入实质，充分反映了现代社会生产的客观规律。

由上可见，马克思主义的教育与生产劳动相结合思想，是对以往教育与生产劳动相结合思想的伟大变革，也是对教育思想史的一个重大贡献。

四、教育与生产劳动相结合是马克思主义教育思想的一项根本原则

教育与生产劳动相结合，是马克思主义教育思想的一项根本原则。自从这一原则提出，无产阶级革命导师在他们的革命事业中，就始终坚持这一教育原则，要求无产阶级为彻底实施这一根本原则而斗争。

19世纪40年代末期，恩格斯就把教育与生产劳动相结合写进国际工人阶级的第一个党的纲领性草案——《共产主义原理》中去。他在《共产主义原理》中写道："所有的儿童，从能够离开母亲照顾的时候起，都由国家出钱在国家设施中受教育。把教育和生产结合起来。"

19世纪40年代末期，马克思和恩格斯又把这一原则写进《共产党宣言》。他们写道："对所有儿童实行公共的和免费的教育。取消现在这种形式的儿童的工厂劳动。把教育同物质生产结合起来，等等。"《共产党宣言》把这一点规定为无产阶级夺取政权后，变革社会的十条根本措施之一。

19世纪60年代中期，马克思在为第一国际日内瓦第一次代表大会所写的《临时中央委员会就若干问题给代表的指示》中进一步提出："如果不把儿童和少年的劳动和教育结合起来，那无论如何也不能允许父母和企业主使用这种劳动。"

后来，马克思和恩格斯为捍卫教育与生产劳动相结合的原则，还同小资产阶级社会主义者蒲鲁东派、拉萨尔派以及杜林等进行了坚持不懈的斗争。

在马克思和恩格斯逝世之后，列宁也始终坚持马克思主义的教育与生产劳动相结合的原则。列宁在十月革命胜利之前，就对民粹派歪曲马克思主义关于教育与生产劳动相结合原则的观点，进行了深刻的批判。十月革命后，列宁又坚持把教育和生产劳动相结合的原则，列入俄共（布）党纲的教育条文。列宁为俄共（布）拟定的党纲草案明确规定："把教育和社会生产劳动紧密结合起来。"这一条款已为俄共（布）八大所接受，列入正式通过的党纲条文中。

教育必须与生产劳动相结合，是马克思主义教育思想的重要组成部分，是社会主义教育的根本原则，也是马克思主义教育思想的一贯主张。

第二节 马克思主义的教育与生产劳动相结合的社会意义

一、教育与生产劳动相结合是改造现代社会的最强有力的手段之一

把教育与生产劳动相结合看作改造现代社会的最强有力的手段之一，这是马克思在《哥达纲领批判》中提出的一个重要论断。马克思这里所说的"现代社会"，是就资本主义社会而言的。马克思在文中明确表示："'现代社会'就是存在于一切文明国度中的资本主义社会。"

改造资本主义旧社会，当然包括许多方面的内容。就教育与生产劳动相结合来说，它改造社会的意义也是多方面的，既包括改造社会制度，又包括改造生产和改造人。但是，在资本主义条件下，争取实施这一原则最迫切的任务，首先是保护工人阶级的后代免遭资本主义制度的摧残和危害。

马克思主义创始人根据大量的事实，揭露出在当时资本主义条件下工人阶级后代从小就遭受资本的摧残，造成身心发展严重残缺和萎缩的令人十分震惊的情景。

随着资本主义大工业的出现，在它的各个生产部门都开始大量雇佣童工。有的儿童从五六岁就开始被雇佣，每天劳动时间一般都长达十四五个小时之久。正如马克思所指出的那样："自动工厂一出现就表现出一些绝非慈善的行为。儿童在皮鞭下面工作；他们成了买卖的对象，有人为弄到儿童而同孤儿院订立了合同。"资本主义制度"把工人降低为积累资本的简单工具，把为贫困所迫的父母变成出卖亲生儿女的奴隶主"。由于儿童的过度劳动和劳动条件的恶劣，不仅"人为地造成了智力的荒废"，造成了"他们的身体也发育不良"，而且也造成了他们在道德上的堕落。资本主义对工人后代的这种残酷剥削，使工人阶级"整代整代的人都毁灭了"。

面对这种现实，国际先进工人阶级都在为自己后代的成长而担忧，并把保护自己的孩子不受资本的摧残看作迫切的战斗任务。可是如何对待资本的这一发展趋势和影响呢？当时在国际工人运动中颇有影响的小资产阶级蒲鲁东主义者和拉萨尔主义者提出了禁止妇女和儿童参加社会劳动的主张。蒲鲁东主义者要求妇女和儿童要从社会走回家庭。他们认为儿童受教育的主要场所是家庭，只有家庭教育才是唯一合理的教育；家庭教育可以创造人，从而也可创造社会。他们对于儿童参加劳动的态度是需要阻止他们进入工厂。继蒲鲁东主义之后，拉萨尔主义则更进一步明确提出了禁止童工的口号。

蒲鲁东主义和拉萨尔主义关于妇女和儿童参加劳动的观点，显然是错误的。马克思尖锐地批判了上述观点。马克思对资本主义制度下儿童劳动的态度是既反对禁止儿童劳动，又反对资本主义形式的童工制度。他认为对抗资本危害，保护工人后代的最有效措施，就是争取在按照各种年龄严格调节劳动时间并采取其他保护儿童的预防措施条件下，实行生产劳动同教育相结合。

马克思认为："现代工业使男女儿童和少年参加社会生产这个伟大事业，是一种进步的、健康的、合理的趋势，虽然这种趋势在资本的统治下遭到了可怕的歪曲。"在马克思看来，儿童参加生产劳动是符合"普遍的自然规律"的。"这个规律就是：为了吃饭，必须劳动，不仅要用脑劳动，而且也要用双手劳动。"正因如此，马克思坚决反对禁止儿童参加社会生产劳动的主张。他针对拉萨尔派的主张指出："普遍禁止儿童劳动是同大工业的存在不相容的，所以这是空洞的虔诚的愿望。"并且认为："实行这一措施——如果可能的话——是反动的。"

马克思正是根据上述观点，主张儿童从小就应参加劳动。他说："在合理的社会制度下，每个儿童从9岁起都应当成为生产劳动者。"

不过，这里需要说明的是，马克思在这里强调的9岁这一年龄界限，主要是根据当时的实际情况提出来的，不应看作绝对年龄界限。实际上，马克思自己就没有局限在这个年龄界限上，而是一直同广大工人一起不断为争取缩短劳动日和推迟儿童劳动年龄而斗争。

马克思充分肯定儿童参加生产劳动的进步意义，但绝不意味着赞同资本主义的童工制度。实际上，马克思和恩格斯早在《共产党宣言》中，就已经明确提出了"取消现在这种形式的儿童的工厂劳动"的要求。19世纪60年代末期，马克思在第一国际总委员会会议上进一步指出，妇女和儿童参加社会生产虽然不是一件坏事，"但是，走迫使儿童在现在这样的条件下从事劳动这条路是令人无法忍受的"。对于这种状况，马克思主张，一方面要争取按年龄阶段严格限制劳动时间和实行保护儿童的预防措施，如禁止夜工和禁止儿童在有害健康的部门劳动等；另一方面，而且是更根本的一个方面，就是要积极争取实行生产劳动同教育相结合。马克思认为，实施生产劳动同教育相结合是对资本摧残儿童的"一种最必要的抗毒素""就会把工人阶级提高到比贵族和资产阶级高得多的水平"。正是基于上述认识，马克思特别指出："在按照不同的年龄阶段严格调节劳动时间并采取其他保护儿童的预防措施的条件下，生产劳动和教育的早期结合是改造现代社会的最强有力的手段之一。"

当然，如同前面说过的，这里所说的改造资本主义社会的含义，绝不仅限于对抗资本主义对工人后代的摧残，而且也包括改造资本主义的生产方式和消灭旧分工以及旧的传统思想意识等。

二、教育与生产劳动相结合是提高社会生产的一种方法

教育与生产劳动相结合是"提高社会生产的一种方法",这是马克思主义导师坚持教育同生产劳动相结合的另一个重要的出发点。

关于生产劳动和教育相结合对于社会生产的巨大作用,如同本书前面已经介绍过的那样,马克思主义导师曾从不同方面进行了缜密的分析和精辟的论述。

马克思和恩格斯指出,未来的共产主义社会必须建立在社会生产力高度发展、物质极大丰富的基础之上。而社会生产力的提高,又在于劳动者的生产能力的发展。工场手工业时代劳动者的片面技巧已不适应大工业发展的客观需要。"现代工业的技术基础是革命的,现代工业通过机器、化学过程和其他方法,使工人的职能和劳动过程的社会结合不断地随着生产的技术基础发生变革。这样,它也同样不断地使社会内部的分工发生革命,不断地把大量资本和大批工人从一个生产部门投到另一个生产部门。因此,大工业的本性决定了劳动的变换、职能的更动和工人的全面流动性。"大工业生产的这种特点,就使只有局部职能的工人不能适应大生产发展的需要。大工业生产迫切要求"用那种把不同社会职能当作互相交替的活动方式的全面发展的个人,来代替只是承担一种社会局部职能的局部个人"。这种能够适应不断变动的劳动需求,又可以随意支配的人员的劳动能力不只在劳动中,而且应当通过教育才能形成。正如恩格斯所说:"教育将使年轻人能够很快熟悉整个生产系统。"马克思在《资本论》中也指出:"为改变一般人的本性,使它获得一定劳动部门的技能和技巧,成为发达的和专门的劳动力,就要有一定的教育或训练",从而把教育看作"使劳动能力改变形态"的服务。马克思正是从现代大工业生产中,看到了生产劳动与教育相结合的必要。因为只有使生产劳动与教育相结合,才能为现代工业造就出符合其生产需要的劳动者,才能使生产力得到不断的提高。

同时,马克思还指出,现代大工业的突出特点之一是"生产过程成了科学的应用,而科学反过来成了生产过程的因素即所谓职能"。这一现代大工业的特点,就使生产力的提高已不再取决于劳动时间和应用劳动的数量,而是决定于一般的科学水平和技术进步程度或科学在生产上的应用。而科学技术知识的掌握,又必须依靠生产劳动同教育的结合。恩格斯指出:"在社会主义社会中,劳动将和教育相结合,从而即使多方面的技术训练也使科学教育的实践基础得到保障。"这里指明了生产劳动和教育的相互作用:通过结合,教育可以保证劳动的多方面技术训练;而生产劳动又为科学教育提供实践基础。无疑,这一结合必然成为现代工业不断提高生产的有力措施。对于这个问题,列宁曾有一段著名的论

述。列宁说："没有年轻一代的教育和生产劳动的结合，未来社会的理想是不能想象的：无论是脱离生产劳动的教学和教育，还是没有同时进行教学和教育的生产劳动，都不能达到现代技术水平和科学知识现状所要求的高度。"

马克思主义经典作家一百多年前就已经清楚地看到教育是提高社会生产的一种重要手段，这是多么了不起的科学预见，而这些预见今天已被现代化生产的发展所证实。教育与生产劳动相结合所以能引起当今全世界普遍重视，其根本原因也正在这里。

三、教育与生产劳动相结合是造就全面发展的人的唯一方法

马克思非常重视教育同生产劳动相结合对于个人全面发展的伟大作用。马克思在《资本论》中根据欧文的实验指出："正如我们在罗伯特·欧文那里可以详细看到的那样，从工厂制度中萌发出了未来教育的幼芽，未来教育对所有已满一定年龄的儿童来说，就是生产劳动同智育和体育相结合，它不仅是提高社会生产的一种方法，而且是造就全面发展的人的唯一方法。"

个人全面发展最根本的是个人智力、体力的广泛、充分、自由和统一的发展。其实质是在智力、体力广泛、充分发展的基础上，实现脑力劳动与体力劳动相结合。这一伟大目标的实现，唯一的道路就是教育与生产劳动相结合。

马克思和恩格斯认为，由旧分工给人造成的片面发展，只有依靠教育与生产劳动相结合才能消除。

马克思指出："劳动首先是人和自然之间的过程，是人以自身的活动来中介、调整和控制人和自然之间的物质变换的过程。人自身作为一种自然力与自然物质相对立。为了在对自身生活有用的形式上占有自然物质，人就使他身上的自然力——臂和腿、头和手运动起来。当他通过这种运动作用于他身外的自然并改变自然时，也就同时改变他自身的自然。他使自身的自然中蕴藏着的潜力发挥出来，并且使这种力的活动受他自己控制。"恩格斯还进一步指出劳动对人们智力的发展作用，他说："人的思维的最本质的和最切近的基础，正是人所引起的自然界的变化，而不仅仅是自然界本身；人在怎样的程度上学会改变自然界，人的智力就在怎样的程度上发展起来。"由此可以看到，生产劳动是一个人体力和智力的发展基础。

但是，生产劳动在资本主义条件下，不仅不能成为劳动者智力和体力充分发展的手段，反而压抑了个人的发展。这不仅明显地表现在工场手工业劳动中，而且也反映在大工业生产上。"机器劳动极度地损害了神经系统，同时它又压抑肌肉的多方面运动，夺去身体上和精神上的一切自由活动。"问题的原因，一方面在于机器的资本主义运用，另一方

面也是由于劳动人民受教育权的被剥夺。正因为如此，无产阶级革命导师才一再强调工人阶级争夺受教育权的重要作用，并要求把生产劳动同智育、体育、综合技术教育结合起来。

个人的片面发展的最基本的特征是智力与体力发展的畸形及其分离，这完全是旧分工的结果。马克思说："工场手工业分工的一个产物，就是物质生产过程的智力作为他人的财产和统治工人的力量同工人相对立。这个分离过程在简单协作中开始，在工场手工业中得到发展，在大工业中完成。"关于资本主义大工业对科学的应用，马克思说："把自然科学应用于物质生产过程，科学的应用是建立在生产过程的智力同单个工人的知识、经验和技能相分离的基础上的。"这种生产过程中的智力与体力的分离，也只有在消除资本主义制度之后，通过教育与生产劳动相结合的方法才能解决。

提高社会生产和培养全面发展的个人，这是一个问题的两个方面。提高社会生产，为个人的全面发展创造物质基础；个人的全面发展又会有力地促进社会生产的发展，而这两者又都是通过教育与生产劳动的结合才得以实现的。

总之，教育与生产劳动相结合，是马克思主义的一个教育基本原则。这个原则的提出和实施，完全是社会发展的客观规律的反映，是无产阶级以及人类解放利益的需要。这一原则无论对于资本主义条件下工人阶级的解放，还是对于社会主义条件下提高社会生产、造就全面发展的一代新人，以及最终实现共产主义，都具有特别重要的意义。

在这里需要特别明确的是，马克思主义的教育同生产劳动相结合，在社会意义上的前述三个方面的规定是统一的，绝不可片面分割。任何分割和对立，都必将导致与马克思主义教育思想精神实质的背离。

根据马克思主义经典作家的分析和论述，我们了解到，对于教育与生产劳动相结合的三个方面的社会作用，在理论和实践上是否统一对待，这不仅是马克思主义的教育与生产劳动相结合思想同以往的一切教育与生产劳动相结合思想的不同，而且也是同现今资本主义社会所推行的教育与生产劳动相结合的本质区别所在。

资本主义实行教育与生产劳动相结合，其目的绝不是为了工人的全面发展，更不是为了改造资本主义社会，而是为了借此促进生产力的高速发展，开展国际经济竞争，以攫取更多的剩余价值。因此，社会主义同资本主义在教育与生产劳动相结合问题上，仅仅是在发展社会生产这点上是一致的。这也正是我们可以借鉴之处。也就是说，只是在如何通过教育与生产劳动相结合以促进社会生产发展上，我们可以吸取其成功经验，此外毫无共同之处。正如马克思所指出的资本主义大工业的"绝对矛盾"一样，资本主义的教育与生产劳动相结合也同样存在根本矛盾。资本主义的教育与生产劳动相结合不仅在根本目的上与社会主义的不同，而且是以维护旧的分工和智力与体力相分离为基础的。这种结合，不仅不利于对旧社会的改造，并且也不可能达到个人的全面发展。恩格斯在批判杜林的教育与生产劳动相结合思想时，就明确地指出了这一点。

德国社会改革家杜林，在他的未来社会计划中也提出实行教育与生产劳动相结合。但是他的未来社会理想是以保留旧分工为基础的。正是针对这一点，恩格斯写道："杜林先生自然也会略有所闻，在社会主义社会中，劳动将和教育相结合，从而使多方面的技术训练也使科学教育的实践基础得到保障；因此，这一点也被他照例用于共同社会。但是，正像我们所看到的，旧的分工在杜林的未来的生产中基本上原封不动地保存下来，所以学校中的这种技术教育就脱离了以后的任何实际运用，失去了对生产本身的任何意义。"

由此可知，在维护旧分工的资本主义制度下的教育与生产劳动相结合，同社会主义的教育与生产劳动相结合有本质区别。服务于改造旧社会，服务于提高社会生产，服务于造就全面发展的新人，这三者的统一，就是社会主义的教育与生产劳动相结合区别于资本主义的教育与生产劳动相结合的关键。所以，我们在理论和实践上对马克思主义教育与生产劳动相结合思想的精神实质和社会意义，必须有个正确的全面的认识。因为只有这样，才能坚持教育与生产劳动相结合的社会主义方向。

第三节　社会主义的教育与生产劳动相结合的原则问题

一、社会主义的教育与生产劳动相结合的根本实质

社会主义的教育与生产劳动相结合的实质在哪里？这是首先应当弄清的问题。能不能认清教育与生产劳动相结合的根本实质，直接关系到教育与生产劳动相结合的实践的社会主义方向。

社会主义的教育与生产劳动相结合的根本目的是什么？这在马克思主义关于教育与生产劳动相结合的社会意义中已看得非常清楚。社会主义的教育与生产劳动相结合的根本目的就是为了改造旧社会，为了提高社会生产和为了造就全面发展的新人。而这三位一体的目的如何才能彻底实现？关键又在哪里？说到底就是消灭旧分工。既要消灭体力劳动中的固定僵化的专业分工，又要消灭整个生产过程中智力与体力的分工。从恩格斯对杜林的教育与生产劳动相结合思想的批判中可以看到，马克思主义的教育与生产劳动相结合既要求以消灭旧分工为前提，同时又是以消灭旧分工为目的的。因为问题十分明确，要改造资本

主义社会，就要消灭旧分工；要充分提高社会生产，也必须从根本上消灭旧分工；造就全面发展的新人，更需要以消灭旧分工为条件，只有消灭了旧分工，个人才能得到全面发展。旧分工的主要的特征就是智力与体力的相分离。而要彻底消除这一分离，就是要靠教育与生产劳动相结合。正是因为这样，马克思才把教育与生产劳动相结合，看作造就全面发展新人的"唯一方法"。由此可知，社会主义的教育与生产劳动相结合的实质乃在于消灭旧分工。这也正是社会主义的教育与生产劳动相结合同资本主义的教育与生产劳动相结合实质上的重要区别。

资本主义的生产方式是同消灭旧分工相矛盾的。马克思明确指出："毫无疑问，工人阶级在不可避免地夺取政权之后，将使理论的和实践的工艺教育在工人学校中占据应有的位置。同样毫无疑问，生产的资本主义形式和与之相适应的工人的经济关系，是同这种变革酵母及其目的——消灭旧分工——直接矛盾的。"因此，即使科学同生产的结合，也不能打破资本主义的旧分工。在资本主义条件下，非但不能打破旧的分工，反而更加剧了智力与体力的分离，从而使旧分工更加发展。马克思也曾明确指出这一点："科学对于劳动来说，表现为异己的、敌对的和统治的权力，而科学的应用一方面表现为靠经验传下来的知识、观察和职业秘方的集中，另一方面表现为把它们发展为科学，用以分析生产过程，把自然科学应用于物质生产过程，科学的应用是建立在生产过程的智力同单个工人的知识、经验和技能相分离的基础上的，正像生产的物质条件的集中和发展以及这些条件转化为资本是建立在使工人丧失这些条件，使工人同这些条件相分离的基础上的一样。"显然，资本主义条件下的教育与生产劳动相结合，绝不是为了消灭旧分工，因为旧分工乃是资产阶级的生命线。

所以彻底消灭旧分工，实现脑力劳动与体力劳动相结合，乃是社会主义的教育与生产劳动相结合的根本实质，离开了这一实质，也就使教育与生产劳动相结合失去了社会主义方向和性质。

二、社会主义的教育与生产劳动相结合的基本任务

根据马克思主义经典作家关于教育与生产劳动相结合的论述可以看出，社会主义条件下实行教育与生产劳动相结合的任务是多方面的。概括起来主要有以下三个方面：

（一）通过教育与生产劳动相结合，改造反映在教育和劳动中的旧传统、旧意识、旧习惯

社会主义的教育与生产劳动相结合既然要服务于改造旧社会，就必然包含同旧社会的

旧传统、旧意识、旧习惯做斗争的任务。

数千年学校教育同生产劳动的分离，给人们的思想意识和行为习惯造成了深刻的影响。轻视劳动、轻视劳动人民，几乎成了以往的社会传统意识。"学而优则仕"，则成为旧社会的传统格言。人们争取受教育不是为了参加生产劳动，恰好相反，是把受教育当作脱离生产劳动的条件。这种思想甚至在今天也有着很深的影响。正如马克思所说的，由于旧社会奴隶式的劳动，造成了人们像逃避瘟疫一样逃避劳动。甚至就是现代资产者参加生产管理，也绝不是由于对劳动的喜爱，而完全是为了他们的经济利益。也如同列宁所指出的："资本家所关心的是怎样借掠夺来管理，借管理来掠夺。"

社会主义是劳动者的社会，社会的充分发展需要人的劳动。所以，恩格斯特别指出，在推翻了资本主义社会制度以后的新社会里人人都应该成为生产者。在社会主义社会里任何个人都不能把自己在生产劳动这个人类生存的自然条件中所应参加的部分推到别人身上。因此，改变旧社会的劳动观念对人们的影响是非常重要而又艰巨的任务。

列宁特别强调指出：改变一切劳动习惯和劳动风气是几十年的事情。我们要互相提出庄严而坚决的保证：我们准备做出任何牺牲，我们将在这场反对习惯势力的最艰难的斗争中昂首挺立，坚持到底，我们将为此坚持不懈地工作几年以致几十年。克服那种认为劳动只是一种差事，凡是劳动都理应按一定标准付给报酬的习惯看法。我们要努力把大家为一人，一人为大家和各尽所能，按需分配的准则渗透到群众的意识中去，渗透到他们的习惯中去，渗透到他们的生活常规中去，要逐步地却又坚持不懈地推行共产主义纪律和共产主义劳动。所以，列宁要求教育青年要同劳动人民打成一片，使教育同生产劳动结合起来。他认为通过教育与群众生产劳动结合，当大家看到，我们的学校教育变了样，全体青年不仅学习，而且参加群众劳动，那时人民就不会用从前的眼光来看待劳动了。

加强教育与生产劳动的结合，改造旧社会遗留下来的对劳动的旧传统、旧意识和旧习惯，本是社会主义的教育与生产劳动相结合的一项重要任务。因为这是改造社会和培养新人的必然要求，也是提高社会生产、消灭旧的分工，克服脑力劳动与体力劳动相分离的必要条件。所以，那种反对学校教育与生产劳动相结合的思想教育任务，甚至把这看成"左"的产物的认识是不正确的。剔除思想教育任务的教育与生产劳动的结合，就背离了马克思主义的教育原则，因而也就背离了教育的社会主义方向。

(二) 通过教育与生产劳动相结合，掌握现代生产劳动的科学知识和技术

劳动中的思想教育固然重要，但绝不是社会主义的教育与生产劳动相结合的唯一任务。为了推动社会主义生产力的发展，还必须通过结合，学习和掌握现代化生产的科学知

识和技术，这是社会主义的教育与生产劳动相结合的另一项重要任务。

马克思、恩格斯和列宁都非常重视教育与生产劳动相结合对提高社会生产的意义。正如前面所谈到的，教育与生产劳动的结合，乃是现代大生产的客观需要。而现代化大机器生产的基础则在于科学技术。正是现代化大生产的这一客观规律，要求教育与生产劳动相结合。因为只有这样，才能使社会生产不断提高。由此可知，全面掌握生产科学技术，是教育与生产劳动相结合的核心任务。因为没有社会生产的提高，无论是改造旧社会，还是造就全面发展的新人，都将无法实现。所以，马克思、恩格斯都非常重视和强调社会主义教育与生产劳动相结合对科学技术的掌握。恩格斯强调在社会主义社会中，教育与生产劳动结合"从而保证多方面的技术训练"，就是说明掌握科学技术，是社会主义的教育与生产劳动相结合的重要任务。列宁也一再强调教育青年从劳动中掌握生产知识，学校要组织学生到工厂和电站参观、实习，以掌握生产及电气化知识和技术。这些都表明，社会主义条件下的教育与生产劳动相结合，绝不可忽视对现代生产科学技术的掌握。在教育与生产劳动相结合的过程中，忘记或否定对生产劳动的科学技术的掌握，就会使教育与生产劳动相结合变成空洞的结合。

（三）通过教育与生产劳动相结合，促进理论与实际的统一

学用一致、理论联系实际，这是马克思主义的学风。促进理论与实际的结合和统一发展，这是社会主义的教育与生产劳动相结合的又一项重要任务。恩格斯指出，在社会主义社会里，教育与生产劳动相结合的一项重要使命是为了提供"科学教育的实践基础"。这就是指理论与实际的统一。

科学产生于实践，又应用于实践。所以，科学教育也不能同实践脱离。在马克思主义看来，科学教育同实践结合的最有效的手段和途径，就是教育与生产劳动相结合。因而恩格斯把教育与生产劳动相结合看作科学教育的实践基础。列宁强调通过到生产实践中参观和学习，从而掌握有关电力、机械、化学概念及其实际运用，这也是要求把科学理论同生产实际联系起来。可见，理论联系实际，也是社会主义的教育与生产劳动相结合的重要任务。

总之，劳动思想教育、科学技术训练和理论联系实际是社会主义的教育与生产劳动相结合的统一任务。这三项任务是统一的，对其中任何一方面的忽略和否定，都不可能达到教育与生产劳动相结合的根本目的。我们过去的教训就在于把教育与生产劳动相结合的任务单一化，只重视思想教育，而忽视了对科学知识的掌握和劳动技术的训练。

三、社会主义的教育与生产劳动相结合的普遍原则

马克思和恩格斯设想在合理的社会制度下，人人都应参加生产劳动，人人也都应受教育。这一思想已包含着普遍劳动与普遍教育相结合的原则。列宁更把这一原则明确化，公开提出了社会主义的教育与生产劳动相结合，必须是"普遍生产劳动同普遍教育相结合"。

19 世纪末，俄国的民粹派代表人物谢·尼·尤沙柯夫出版了一本《教育问题》的文集。其中有一篇题为《教育的空想——全民中等义务教育计划》的文章。他在这篇文章中歪曲了马克思主义的教育与生产劳动相结合的原理，提出了一个荒谬的"全民教育"改革计划。他倡导建立"中学农庄"，这里的学生一面学习，一面劳动，但劳动并不是普遍的。穷人的孩子由于交不起学费，可以通过参加农庄劳动抵偿学费。而富人的孩子因为有钱交学费，便可以免除劳动。

列宁对尤沙柯夫的这一计划给予尖锐抨击。列宁指出，民粹派的教育与生产劳动相结合原则完全不同于马克思主义的观点。在尤沙柯夫那里，教育与生产劳动相结合只是为穷人规定的。"义务生产劳动在我们这位民粹主义者看来并不是人的普遍和全面发展的条件，而只是为了付中学学费。"针对民粹派的上述观点，列宁明确指出："为了使普遍生产劳动同普遍教育相结合，显然必须使所有的人都担负参加生产劳动的义务。"列宁这里提出的"两个普遍"的思想，是对马克思主义普遍的教育与生产劳动相结合思想的坚持和发展。

人人普遍受教育，同时又人人普遍参加生产劳动，这是社会主义制度的特点。社会主义的教育与生产劳动相结合，绝不可违背这一普遍原则。这在剥削制度下是根本办不到的。剥削阶级总是力图摆脱体力劳动，生产劳动乃是被剥削阶级的义务。所以，在剥削阶级占统治地位的社会里，是根本不可能实行普遍义务劳动制度的。普遍的劳动同普遍的教育相结合，只有在社会主义条件下才能真正实现。

普遍的生产劳动同普遍的教育相结合，还包含另外一个含义，即所有的生产劳动部门和所有的学校教育机构都必须普遍结合。因为在社会主义条件下，所有的生产劳动部门都不仅担负着生产任务，同时也担负着培养造就新人的使命。所有的学校，不论什么级别或什么种类，培养的人又都应当是劳动者。所以，一切生产劳动部门和一切学校教育机构都必须实行教育与生产劳动相结合，这也是社会主义的普遍原则。

特别是现代化社会生产和现代教育又都证明了一条客观规律，就是只有实行二者的相互结合，才能获得共同发展和提高，否则无论是生产劳动还是教育，都不可能达到理想的目标。列宁在当时就已经科学地预见到了这一发展趋势。他有一个著名的论断，指明了这一规律。他说："没有年轻一代的教育和生产劳动的结合，未来社会的理想是不能想象的：

无论是脱离生产劳动的教学和教育，或是没有同时进行教学和教育的生产劳动，都不能达到现代技术水平和科学知识现状所要求的高度。"这充分说明了普遍的生产劳动部门与普遍的教育部门相互结合，是社会主义的普遍原则。

普遍的生产劳动同普遍的教育相结合，是社会主义社会教育与生产劳动相结合的重要特征。"两个普遍"思想，表现在人的身上是人人都要受教育，同时又必须人人参加生产劳动，即人人不能脱离教育与生产劳动相结合的道路。此外表现在社会生产和教育结构上，既包括教育同生产劳动的结合，也包括生产劳动同教育的结合，即所有生产劳动部门同所有教育部门都必须普遍结合，无一例外。由此可见，教育与生产劳动相结合，绝不单纯是学校教育部门的事，也是生产劳动部门的任务；并且也不仅仅是某些学校或某些生产部门的事，而是一切学校和一切生产部门共同的使命。所以，在社会主义社会，不管以什么借口，把某些学校排出于教育与生产劳动相结合之外，或者以什么理由把教育与生产劳动相结合仅仅看作是学校单方面的任务，似乎生产劳动部门置身于结合之外，都是错误的，都是对社会主义的教育与生产劳动相结合普遍原则的违背。

四、社会主义的教育与生产劳动相结合的技术基础

社会主义的教育与生产劳动相结合，究竟应该以现代化大工业为基础，还是要从社会主义初级阶段的实际，即落后的农业和手工业实际出发？这是在讨论马克思主义教育与生产劳动相结合思想时，常常提出的问题。

马克思主义的教育与生产劳动相结合是以大工业为基础的，这是毫无疑义的。马克思主义的创始人明确提出，手工业劳动是保守的，而现代大工业的技术基础是革命的，大工业的本性是同旧分工矛盾的。同时，教育同生产劳动相结合也是为了提高社会生产，而现代大工业才是不断提高社会生产力的有效手段。因此，马克思主义的教育同生产劳动相结合思想，无论对于消灭旧分工，还是造就全面发展的一代新人，或者对提高社会生产来说，都必然要以现代大工业为基础，这是不难理解的。

教育与生产劳动相结合，从其目的和实质以及未来的发展趋势上看，同手工业劳动是不相容的。当时的小资产阶级革命家蒲鲁东就不懂这一点。他的小资产阶级本性，使他厌恶工业革命，妄图使社会倒退回旧日的手工劳动上去。他根据上述思想，主张通过所谓手工劳动式的"综合劳动"，使个人获得全面发展，这种思想显然是极其荒谬的。马克思和恩格斯对蒲鲁东的这一思想曾予以深刻批判。马克思认为蒲鲁东的上述主张"没有超出小资产者的理想"。恩格斯认为蒲鲁东的思想"渗透着一种反动的特性"，并且指出，蒲鲁东这种历史的倒退，"会丧失千分之九百九十九的生产力，整个人类注定会陷入极可怕的

劳动奴隶状态，饥饿将成为一种常规"，"如果蒲鲁东的这种反革命的东西确实能付诸实现，世界是要毁灭的"。由上可以看到，马克思主义的教育与生产劳动相结合，绝不能建立在手工劳动基础之上。

教育同大工业生产劳动结合，这是马克思主义的原则，但并不因此而反对从实际情况出发。被马克思肯定的当时工厂法的教育条款中所实施的教育与生产劳动相结合，其中也有许多劳动并未完全脱离手工劳动方式。恩格斯也曾根据当时俄国的工业落后情况，不反对在俄国进行技术教育上实行一些治标办法，哪怕是微小的，也是有意义的。恩格斯说："如果技术教育能够一方面设法至少使那些具有生命力的普通工业部门的经营更加合理，另一方面又对儿童事先进行普及性的技术训练，使他们能够比较容易地转到其他工业部门，那么，技术教育也许就能够真正达到自己的目的。"

列宁在十月革命胜利后，关于教育与生产劳动相结合就是根据这一马克思主义原则进行的。他一方面坚持现代大工业的方向，另一方面又不脱离实际。列宁在十月革命胜利后初期，根据苏联当时实际，在教育与生产劳动结合上，曾要求青年参加菜园劳动，要求学生学习粗木工、钳工等手工式劳动。但是，列宁并不因此放弃原则。就是在当时条件下，他也一再强调同时要学习"广泛的普通知识"，并且尽可能更多地参观和参加现代化工业劳动。列宁的实践为我们树立了教育与生产劳动相结合的光辉榜样。

由此可知，对于教育与生产劳动相结合，死抱原则不放，不从实际状况出发；或者仅拘泥于眼前实际，而忘记原则，同样都是错误的，都会背离马克思主义的教育基本原理。

不过，我们应进一步说明一点。社会主义的教育与生产劳动相结合是从现代大工业出发，还是从落后的农业和手工业实际出发，这固然反映着原则问题，但是，根据马克思主义观点，这也不是不能统一的。这个统一点就是现代科学。

马克思说："随着大工业的发展，现实财富的创造较少地取决于劳动时间和已耗费的劳动量，较多地取决于在劳动时间内所运用的作用物的力量，而这种作用物自身——它们的巨大效率——又和生产它们所花费的直接劳动时间不成比例，而是取决于科学的一般水平和技术进步，或者说取决于这种科学在生产上的应用。（这种科学，特别是自然科学以及和它有关的其他一切科学的发展，本身又和物质生产的发展相适应。）例如，农业将不过成为一种物质变换的科学的应用，这种物质变换能加以最有利的调节以造福于整个社会体。"

马克思在这里较详尽地分析了科学对生产发展的重大作用。从这段分析中我们可以清楚地看到，不仅现代大工业需要以科学为基础，就是农业的发展，也同样依靠科学的应用。先进的工业靠科学来发展，落后的农业和手工业也要靠科学来改造。所以，科学是一切生产劳动的基础，因而也是教育与生产劳动相结合的真正基础。

同时我们也知道，几千年来在奴隶劳动、徭役劳动、雇佣劳动条件下，劳动成了一种令人厌恶的事情。如要真正改变这种影响，除了彻底改变社会制度和生产方式外，还必须使劳动成为吸引人的劳动，使劳动从痛苦变成一种快乐。马克思认为："物质生产的劳动只有在下列情况下才能获得这种性质：①劳动具有社会性；②这种劳动具有科学性，同时又是一般的劳动。"显然，要改变劳动对人的影响性质，同样需要以科学为基础。

总之，现代科学才是社会主义的教育与生产劳动相结合的技术基础，对这点必须有个明确的认识。在社会主义条件下实行教育与生产劳动相结合，就必须紧紧抓住现代科学这一结合基础，才能达到预期效果。离开科学基础的教育与生产劳动的结合，无论教育，还是生产劳动，都不可能达到既定的作用和目的，这也是以往实践中的重要教训，在今天仍应引以为戒。

五、社会主义的教育与生产劳动相结合的主要形态

教育与生产劳动相结合的主要表现形态，既有形式的结合，也有实质上的结合。社会主义的教育与生产劳动相结合的主要形态应是形式和实质的统一，而实质上的结合又是其最基本的特征。

在马克思主义以前，教育与生产劳动的结合都是形式上的结合。有学习，有劳动；边学习，边劳动，就被看作教育已同生产劳动结合起来了。其实学习和劳动并没有内在联系，这就是只注重形式上的结合，这种结合方式不可能达到马克思主义的教育与生产劳动相结合的根本目的。

教育与生产劳动形式上的结合，只是初级形态的结合，而实质上的结合才是马克思主义的理想结合形态。

19世纪资本主义工厂法教育条款规定，儿童一边参加工厂劳动，一边受教育，马克思认为这只是"从资本那里争取来的最初的微小让步，只是把初等教育同工厂劳动结合起来"。因而这种教育还只是一种初步的结合形式，还不是马克思主义的真正理想。马克思认为，"工人阶级在不可避免地夺取政权之后，将使理论的和实践的工艺教育在工人学校中占据应有的位置"。这也就是恩格斯所说的那种只有"使多方面的技术训练也使科学教育的实践基础得到保障"的结合，才是马克思主义理想的结合形式。列宁在俄共（布）党纲草案中特别强调"把教育和儿童的社会生产劳动紧密结合起来"，正是上述思想的体现。

马克思主义的理想是教育与生产劳动实质上的结合，因为只有这种结合形态，才能实

现教育与生产劳动相结合的全面作用。但这并不等于说马克思主义一概反对形式上的结合。为了树立学生的劳动观念，转变学生的劳动情感，培养学生的劳动习惯，形式上的结合也是必要的。

社会主义的教育与生产劳动相结合，虽然还保留着形式上的结合，而且在一定意义上是必要的，但是，绝不能代替实质性的结合。社会主义的教育与生产劳动的结合，必须深入探讨生产劳动同教育、理论同实践的内在有机结合，要在实质结合上下功夫。用形式结合代替实质结合，这也是我们过去在教育与生产劳动相结合问题上的教训之一。

六、社会主义的教育与生产劳动相结合的劳动范围

马克思从工人阶级争取受教育权这一实际情况出发，为了使生产劳动能够正确地同教育结合，而剖析了教育的构成。今天在无产阶级夺得政权后，人人都有了受教育的机会，重点已经转向教育与生产劳动的结合上。尤其是随着科学技术的发展，生产劳动的概念已经发生了根本变化。因此，需要对生产劳动的含义进行新的研究。什么是生产劳动呢？它的构成又是如何？这是我们今天在贯彻教育与生产劳动相结合时应当首先解决的一个问题。这个问题得不到解决，就不能坚持结合的正确方向。对于这个问题，马克思主义经典作家当时还没有为我们提供现成答案。但是，从马克思关于生产劳动的理论中，可以看出他的基本思想。

马克思主义要求的是教育与生产劳动相结合，而不是同一般劳动相结合。那么，什么是生产劳动呢？马克思说，就劳动的一般规定性来说，"劳动过程的产品也是劳动过程的前提，那么，现在同样必须说，商品即使用价值和交换价值的统一体"。显然，这里指的是物质生产劳动，教育要结合的正是这种劳动，即物化在产品中的物质生产劳动。马克思和恩格斯在《共产党宣言》中就明确指出："把教育同物质生产结合起来。"

物质生产劳动的构成如何？

马克思说："劳动过程的简单要素是：有目的的活动或劳动本身，劳动对象和劳动资料。"马克思把这三大要素又进一步概括为两个方面："一边是人及其劳动，一边是自然及其物质。"在这两个方面中只有人及其劳动才是生产劳动。"劳动本身则表现为生产劳动。"

劳动本身怎样？马克思根据现代大工业生产特点，认为生产劳动主要包括三种劳动：一是"直接劳动"，二是"一般劳动"，三是"共同劳动"。这三种劳动都在生产过程中起作用，并且是互相联系、互相转化的。

"直接劳动"，即劳动者个体直接参与物质交换的劳动。马克思认为随着科学技术在生

产上的应用，直接劳动及其数量在生产过程中越来越不是决定生产的尺度，它在量的比重上越来越低。但是，就质的方面来说则仍然是不可缺少的因素。

"一般劳动"，是指生产过程中的科学技术因素。"一般劳动是一切科学劳动，一切发现，一切发明。"现代大生产已使科学成为生产过程中的"独立因素"。"生产过程成了科学的应用，而科学反过来成了生产过程的因素即所谓职能。"马克思认为这种劳动在生产过程中的作用越来越大，甚至具有决定性意义。

"共同劳动"，是指劳动者共同协作的劳动，即"结合劳动"。"共同劳动以个人之间直接协作为前提。"这种劳动完全是个人直接劳动社会化的结果。马克思指出，这种劳动的特点使生产劳动的概念扩大。这种劳动表现形式是"有的人多用手工作，有的人多用脑工作，有的人当经理、工程师、工艺师；等等，有的人当监工，有的人当直接的体力劳动者或者做简单的辅助工，于是劳动能力的越来越多的职能被列在生产劳动的直接概念下"。这种共同的结合的劳动是劳动过程中的另一个重要因素。

由上我们认识到，教育同生产劳动相结合，既包括同直接劳动相结合，也包括同直接生产过程中的科学技术劳动相结合，同时还包括同共同劳动相结合。把教育与生产劳动相结合仅仅理解为同直接的体力劳动相结合，那是片面的，是对马克思主义教育与生产劳动相结合原则的误解。

第四节　综合技术教育

一、综合技术教育概念

19 世纪 60 年代中期马克思在《临时中央委员会就若干问题给代表的指示》中提出："我们把教育理解为以下三件事：第一，智育。第二，体育，即体育学校和军事训练所教的内容。第三，技术培训，这种培训要以生产各个过程的一般原理为内容，并同时使儿童和少年学会各种行业基本工具的实际运用与操作。"

马克思接着又说："把有报酬的生产劳动、智育、体育和综合技术培训结合起来，就会把工人阶级提高到比贵族和资产阶级高得多的水平。"

马克思关于"综合技术教育"的概念虽然是在 19 世纪 60 年代中期正式提出的，但综合技术教育思想却很早就已经包含在马克思和恩格斯的著作中了。19 世纪 40 年代末期恩格斯在《共产主义原理》中就提出了"生产教育"。同年马克思在《工资》一文中也使用了"全面的生产教育"概念。后来马克思在他的《经济学手稿》和《资本论》中又提出"工艺教育"。其实这些提法都反映着综合技术教育的含义。根据马克思在《资本论》中的论述和列宁在俄共（布）党纲草案中的观点，综合技术教育实际上就是"理论的和实践的工艺教育"或"从理论上和实践上熟悉各主要生产部门"的教育。

从马克思和列宁的论述中可以看到，综合技术教育不同于一般的智育，即普通的文化科学知识和智力的教育。普通教育的智育，学习的是一般的文化科学知识。而综合技术教育学习的不是普通文化知识，而是普遍生产过程的基本原理，其中应包括科学知识在生产上的应用。综合技术教育也不等同于一般的职业技术教育和专业教育。职业技术教育和专业教育的任务在于掌握某一职业和某一专业所需要的单一的技术，这种技术具有单一的性质，一般说来都是某种职业和专业的一技之长。而综合技术教育关键在于技术的综合性，是各种生产过程具有共性的技术基础的教育，所以综合技术具有广泛的应用性。由此可知，综合技术教育既以普通教育为基础，但又不同于普通教育；综合技术教育既同职业技术和专业技术教育有联系，但又有重要区别。综合技术教育是具有独自任务和特征的教育，它是现代教育的重要组成部分。

二、综合技术教育的重要意义

马克思综合技术教育概念的提出，是对教育理论和实践的一大贡献。这一思想无论对现代生产的发展或对全面发展新人的培养，都具有十分重要的意义。

首先，综合技术教育是发展现代大工业的迫切需要。

综合技术教育反映了现代大工业生产的普遍规律，是现代大工业的客观要求。马克思正是根据现代大工业的规律和要求而提出了综合技术教育思想。

马克思根据大工业生产的本性和特点指出，大工业的技术基础是革命的，它通过机器和科学，使生产发生不断变革。生产的变革，就会引起生产过程中的劳动不断变换，职能不断更动，从而使工人也发生不断的流动。现代大生产的这种特性，就使过去那种专精一艺的工人已不能适应大工业生产的客观需要。这就要求工人必须掌握全面技术，以适应现代大工业不断变动的需要。因此，就要求现代生产者必须掌握综合技术，这便需要实施综合技术教育。只有通过综合技术教育，使生产者掌握全面生产技术，现代生产才能获得巨大发展。可见，综合技术教育完全是现代生产的客观需要。

其次，综合技术教育也是个人全面发展的重要条件。

我们在马克思主义个人全面发展学说部分曾谈到，个人全面发展既是大工业生产的普遍规律和要求，也是人类解放的目标和方向。可是个人如何才能全面发展？需要消灭旧分工。而旧分工的消灭，就需要实施综合技术教育。马克思 19 世纪 60 年代末期在第一国际总委员会关于现代社会中的普及教育问题的讨论发言中，对于 19 世纪 60 年代中期日内瓦代表大会决议中有关智育、体育同综合技术教育结合的意义，认为："这项决议要求把智育同体力劳动、同体育和综合技术教育结合起来。对这一点没有任何异议。"他接着说："无产阶级的决议起草人所主张的综合技术教育，旨在弥补分工所造成的缺陷，因为分工妨碍学徒获得本身业务的牢固知识。"旧分工造成的缺陷从根本上说就是智力与体力的分离，从而使劳动者只服从对机器的简单操作，而不懂生产的基本原理。综合技术教育正是使生产原理和运用工具技能结合起来，这就打破了旧分工赖以存在的基础，为个人的全面发展创造了条件。由此可知，实施综合技术教育，也是个人全面发展所必需的。

最后，综合技术教育也是现代科学技术规律的反映。

现代科学发展已证明，科学的发展不仅靠技术需要来推动，也必须通过技术才能同生产结合。科学只有转化成技术，才能在生产上得到应用，从而变成直接的生产力。所以，技术是科学同生产结合的关键。

正是由于这一原因，综合技术教育成为教育同生产劳动相结合的有效措施。因为教育所传授的一般的文化科学知识，并不能直接在生产过程中得到应用。只有同时传授科学原理在生产上应用的知识和技能，才能使教育同生产劳动真正结合起来，这也正是实质性结合的需要。可见，综合技术教育既是现代教育的组成部分，同时又是教育同生产劳动结合的纽带和桥梁。

综上所述，综合技术教育既是现代社会生产发展的需要，又是个人全面发展的重要条件，也是科学转化为生产力和教育与生产劳动相结合的有力措施。所以，综合技术教育无论对现代生产或对现代教育，都是非常重要的课题。

三、综合技术教育的基本内容

我们从马克思和列宁对综合技术教育概念的阐述中就已经了解到综合技术教育的基本内容。很明显，综合技术教育的内容概括起来就是两个方面：一是"了解生产各个过程的基本原理"；二是"获得运用各种生产的最简单的工具的技能"。这就是一方面是"理论上"，另一方面是"实践上"的工艺教育。

（一）关于了解各个生产过程的基本原理

综合技术教育要求了解生产过程的基本原理，是对以往教育与生产劳动相结合思想的一个重大的革命变革。以往的劳动教育思想一般都只是注意进行一些个别劳动技能的训练，都强调掌握多种手艺。以往的劳动教育思想既忽略生产原理教育，又不懂得综合技术训练。让每个儿童掌握二三十种手艺，在手工业时代如果尚有可能的话，随着社会分工的发展，要想掌握一切生产部门的具体技术是无论如何也办不到的。正是由于这点，有些人竟对马克思提出的"要使儿童和少年了解各个生产过程的基本原理"发生怀疑。其实，这正是由于对马克思综合技术教育思想缺乏真正了解所致。马克思这里提出的"了解各个生产过程的基本原理"，并不是就一个个生产过程孤立而言的，而是指各个生产过程所共通的基本原理，关键正在于"基本原理"。

马克思在当时就已经发现，现代工业的发展是生产部门越分越细，然而生产的技术基础则是越来越综合。马克思在《资本论》中就指明这一点。他指出，现代社会生产过程尽管五光十色，非常复杂，然而都不过是对自然科学的有计划应用。因而不管人的手如何活动，从工艺学方面揭示出归根到底都是在为数不多的重大基本运动形式上活动。"尽管所使用的工具多种多样，人体的一切生产活动必然在这些形式中进行，正像机器虽然异常复杂，力学仍会看出它们不过是简单机械力的不断重复一样。"现代自动化生产过程，更从实践上证明了这一特点和趋势。不管生产部门如何不同，都无非是动力系统、机械系统以及控制系统等的组合运动过程，在生产过程的基本原理上，它们具有共同的一面。大工业生产的这一特点，不仅需要综合技术教育，而且也为实施综合技术教育提供了实践基础。现代化生产要求人们掌握共同的基本生产原理，只要掌握了各个生产过程的共同基本生产原理，就为人们在各个生产过程中的流动创造了必要条件，提供了全面流动的可能性。比如，不管社会生产部门何等复杂，电的应用却是共同的。无论工业、矿业、运输业还是农业，都离不开电的应用。因此，电的应用就是机械化、自动化基础，是生产现代化的基本条件。所以，电的应用理论，就是一切生产过程的基础理论。再如机器的运用，这也是现代生产的共同特征。机器又无非是发动机、传动装置和工作机三部分，现代化的机器系统更增添了自动控制系统。人们如果掌握了各个部分的应用理论，也就是掌握了各个生产部门的基础理论，就可以从一个生产部门转到另一个生产部门。列宁在十月革命后，就要求教育年轻一代掌握"关于电的基本概念"及其运用的知识；学习机械工业、化学工业，以及农业各主要生产部门的生产基本原理，从而使人们都"具有综合技术的见识和综合技术教育的基本（初步）知识"，这是何等的远见卓识。当今世界现代化生产的发展，越来越证明了综合技术教育的必要和可能，证明了综合技术教育理论的科学性。综合技术教育的要义就在于"综合"二字。离开"综合"，孤立理解"各个生产过程"的提法，就必然要造成对马克思的综合技术教育思想的曲解。

（二）关于获得运用生产的最简单的工具的技能

这里的问题是如何理解"最简单的机械"。

根据马克思的论述可以了解，这里所说的"最简单的机械"绝不等于最原始的生产工具。"最简单"，在这里应理解为"最基本"的意思。从马克思的论述来看，马克思当时所说的"最简单的机械"应该主要是指使用机器。

马克思认为机器的出现，使劳动得到了简化，因此，"年轻人很快就可以学会使用机器"。

机器是指机器体系。马克思时代的机器体系是由三个部分构成的：①发动机；②传动机构；③工具机和工作机。其中核心是工具机和工作机。因为工具机才是直接作用于自然、生产产品的工具。工具从人那里转移到机器上以后，才使机器代替了单纯的手工工具。马克思认为："工具机"是"机器生产的一个简单要素"。由此可见，在机器体系中工具机就是最基本的生产工具。工具机具体不管形态如何，都是各个生产过程机器体系中不可缺少的基本部分。所以，获得运用机器，特别是工具机的技能，就是综合技术教育中的另一重要内容。这一部分实际就是实践上的工艺教育。

各个生产过程的基本原理，是随着各个生产过程的发展而不断发展的。现代化生产过程已不仅限于机械、化学的运用，而且更增加了生物工程、微电子科学，以及控制论、信息论、系统论等现代科学的运用。基本生产工具方面同样也在不断发展变化，现代化生产的最基本的工具也不单纯是一般的机器。机器人的出现、电子计算机的发明，都使基本生产工具发生了新的革命。电子计算机已代替了人脑和手直接对机器体系进行控制。而且电子计算机，已逐渐成为各个生产过程所共同运用的基本生产工具。所以，获得运用电子计算机的技能，也就成为当代综合技术教育的基本内容。

总之，教育与现代化的生产劳动的结合，要求必须正确对待综合技术教育的内容。而综合技术教育内容的现代化，又必将引起教育结构、教学内容、教学方法以及教学组织形式的相应变革。

四、为全面实施综合技术教育而斗争

马克思主义的综合技术教育思想目的在于通过这一措施，实现教育与生产劳动相结合，从而消灭旧分工，消灭脑力劳动与体力劳动的分离，使年轻一代获得全面发展。因此，社会主义社会实施综合技术教育是同共产主义目的相联系的。正因如此，马克思主义经典作家都一贯强调，必须为实施综合技术教育而斗争。

马克思在第一国际日内瓦代表大会给代表的指示中，就强调无产阶级必须争取"把有报酬的生产劳动、智育、体育和综合技术培训结合起来"。马克思在《资本论》中又指出，如果说在当时资本主义条件下，由于工人阶级的斗争，仅仅争取到把初等教育同生产劳动结合起来，"那么毫无疑问，工人阶级在不可避免地夺取政权之后，将使理论的和实践的工艺教育在工人学校中占据应有的位置"。这里所说的"工人学校"，后来马克思在他亲自修订的法文版《资本论》中用的是"人民学校"。显然，在社会主义条件下，综合技术教育是所有学校都应普遍实施的教育。

列宁在领导苏联人民革命斗争中，也特别重视综合技术教育。

列宁在 20 世纪初革命前夕所草拟的修改党纲材料中，就把原党纲中"实行免费的义务的普通教育和综合技术教育"，并且对综合技术教育的含义解释为"从理论上和实践上熟悉一切主要生产部门"。列宁在俄共（布）党纲草案草稿中，又原文不动地重申"实行免费的义务的普遍教育和综合技术教育"。20 世纪 20 年代初列宁在《对娜捷施达·康斯坦丁诺夫娜的提纲的评述》中，更明确地指出："说明白，我们绝不能放弃原则，我们一定要立刻尽可能地实施综合技术教育。"又说："把立即向综合技术教育过渡，或者确切些说，立即采取许多马上就能做到的走向综合技术教育的步骤，规定为必须绝对执行的任务。"此后，列宁还多次给教育人民委员部指示，纠正各种对综合技术教育的误解。尽管在十月革命胜利后，苏联由于国内战争破坏所造成的困难十分严重，但是，列宁却一直坚持不放弃综合技术教育原则。即使是职业技术学校，列宁也指示不得变成培养手艺匠的学校。为此要求："避免过早地专业化""在所有的职业技术学校里扩大普通学科的范围。"

实施综合技术教育是社会主义的教育原则。在无产阶级取得政权之后，必须积极推行，这完全是基于社会主义的任务和共产主义斗争目标及要求提出的，对发展社会生产，提高生产力同样具有十分重要的意义。综合技术教育的必要性，同教育与生产劳动相结合一样，已为当今世界新技术革命的发展趋势所证明。

联合国教科文组织国际教育发展委员会经过对世界一些主要国家的调查发现，当今教育同社会发展的需要普遍不相适应。突出的问题就是现代学校培养出来的人没有受到恰当的训练，因而培养出来的人不能适应社会的发展需要。正是针对教育的这一问题，国际教育发展委员会提出要改变普通教育观念，认为未来的普通教育原则上应该是："普通教育的观念必须显著地加以扩大，使它明确地包括社会经济方面的、技术方面的和实践方面的普通知识。"因此建议："不同类型的教学——普通的、科学的、技术的和专业的教学——之间的那种严格的区别必须加以废除；而教育，从初等阶段到中等阶段，必须同时成为理论的、技术的、实践的和手工的教育。"对职业教育也要求适应"最大的职业流动性"，在原则上提出："为人们投入工作和实际生活做准备的教育，其目的应该较多地注意到把青年人培养成能够适应多种多样的职务，不断地发展他的能力，使他能跟得上不断改进的生产方法和工作条件，而较少地注意到训练他专门从事某一项手艺或某一种专业实践。这种教育应该帮助青年人在谋求职业时有最适度的流动性，便于他从一个职业转换到另一个职业或从一个职业的一部分转换到另一部分。"为此建议："学校必须使学习者为掌握各种技术奠定牢固的知识基础。"

联合国教科文组织国际教育发展委员会的原则建议，完全是根据现今世界生产和教育的实际提出的。在这些建议中，都明显地包含着综合技术教育的因素。可见，综合技术教育既是现代化生产也是现代化教育的客观要求。

生产的现代化对人的素质也提出了新要求。如美国有些人认为美国工业竞争力下降的主要原因在于工程师缺乏综合知识和能力。所以，美国全国科学研究委员会 20 世纪 80 年代中期曾提出一项建议，要求改革大学本科生的工程学课程，建议学生在入学后头两年先学文理科课程，在后两年再专门学习工程学。但是，即使是在最后两年，也不设学科专业。

现代科学技术发展十分迅速，由此引起了生产的不断变化和工人职业的不断改变。据国际一些著名专家预测，今天出生的人可以预计在一生中几乎每十年就要换一个新工作。这种发展趋势，使以往那种专精一艺的教育既同个人发展矛盾，也适应不了现代生产的需要。一个人不能掌握普遍的、综合的基本生产知识和技术，就无法适应生产不断变动和职业不断更换的趋势。

上述问题不仅在世界上，而且在我国也已经开始显现出来。现代化生产技术的大量引进，已暴露出了教育上的缺点。过去培养的"专门"人才，由于所学专业过窄，技术知识过于专门化，因而，已不适应现代生产的需要。例如过去培养的工程技术人员，在专业上是机、电分家的，而数控车床的出现，已使机电合一，因而，过去那种机、电分家的"专门"人才，已不适应生产的要求了。

就生产工人来说，技术教育的矛盾也日益凸显出来。工人由于缺乏综合技术教育，成为未来职业变动的障碍，使个人的发展受到了限制。如近几年我国电子行业各种成套生产流水线的大量引进，一方面给企业带来了生机和活力，另一方面也使工人的发展受到威胁。流水线的生产，使操作者的简单重复劳动加剧。流水线的过细分工，使操作者对整机的工作原理、操作过程都了解甚少，工人几乎无技术可言，生产线只要求工人有敏捷的反应和麻利的手脚。

现今的国外经验和我国的实际，都充分反映出实施综合技术教育的重要意义。我国是社会主义国家，为了消灭旧分工给人们带来的负面影响，为了促进教育与生产劳动的密切结合，为了实现个人的全面发展，为了适应社会主义现代化建设的需要，必须实施综合技术教育。社会主义必须坚持马克思主义的综合技术教育思想，为全面实施综合技术教育而努力。

第六章 马克思主义哲学教育创新

第一节　哲学的反思性与马克思主义哲学教育创新

一、哲学反思的内涵

反思是"对思想的思想"。哲学作为人类把握世界的一种基本方式，不同于常识、艺术、伦理、科学等，就在于它的思维方式不同。黑格尔曾经指出"哲学思维无论与一般思维如何相同，无论本质上与一般思维同是一个思维，但总是与活动于人类一切行为里的思维，与使人类的一切活动具有人性的思维有了区别"，那么哲学思维与一般思维有什么不同呢？黑格尔具体说明哲学思维与一般思维的不同，说明了哲学思维的特殊性在于，它是"以思想的本身为内容，力求思想自觉其为思想"，也就是对"思想的思想"，即"反思"。因此哲学的思维方式是反思，它不同于常识的经验的思维形式，不同于幻化的思维方式，不同于艺术的形象的思维方式，不同于科学的逻辑的思维方式。所以在这个意义上说"哲学是什么"，那就应该说哲学是反思性的学问，要深刻理解和把握哲学的反思内涵，需要做以下几个方面的具体分析：

第一，哲学不是直接以世界为思想对象，而是以关于世界的各种思想为思想对象。因此，哲学是"对思想的思想"。

马克思主义哲学教科书的通常表述和教师的通常讲解，认为世界观是人们关于整个世界的总体看法和根本观点，哲学是理论化系统化的世界观。所以哲学是以整个世界为对象，具体科学是以整个世界的某一部分、某一方面为对象，自然科学是以自然领域为对象，社会科学是以社会领域为对象，思维科学是以思维领域为对象。这样理解必然认为哲学是直接以世界为对象。因为这里是基于具体科学直接以世界的某一部分某一方面为对象来说明哲学以整个世界为对象，说明哲学与具体科学的区别，这就会误导人们认为哲学也是直接以世界为对象。这一误解也导致另一个问题的误读，那就是"哲学是关于自然知识、社会知识和思维知识的概括和总结"。由于通常认为哲学是以整个世界为对象，世界包括自然界、人类社会和人类思维，所以哲学就是关于自然知识、社会知识和思维知识的概括和总结。

如果把哲学看成是直接以整个世界为研究对象，研究世界本身的存在及其运动规律，那么哲学与具体科学就一样是关于"整个世界"的知识，而且因其是关于整个世界的知识成为凌驾于科学之上的"科学之科学"。其实作为世界观理论的哲学，它不是直接以世界为对象而形成关于世界的种种思想或各种知识，这既不是哲学所承担的任务，也是任何哲学所不能完成的任务，而是除哲学之外的人类把握世界的各种方式（如艺术、常识、伦理、科学等）所承担的任务，通过它们形成了关于世界的种种思想，哲学恰好是以它们特别是科学的方式所形成的关于世界的种种思想为对象，对这些思想进行思想，去反思"思想"与世界的关系，"人"与"世界"的关系，从而形成关于人与世界相互关系的世界观理论。因此，哲学与具体科学的根本不同，就在于哲学与具体科学的思维方式不同，哲学的思维方式就是反思，哲学就是反思性的学问。这样，哲学是关于自然知识、社会知识和思维知识的概括和总结，实际上是指哲学是对自然知识、社会知识和思维知识反思的结果。

第二，哲学是把"思维和存在的关系"当作"问题"进行反思的学问。

恩格斯指出："全部哲学特别是近代哲学的重大的基本问题是思维和存在的关系问题。"恩格斯关于哲学基本问题的这一表述并不是说只有哲学才思考"思维和存在的关系"，实际上，"思维和存在的关系"是人类把握世界的各种方式（常识、艺术、伦理、科学、哲学等）共同思考和研究的对象。"思维和存在的关系"存在于人类活动的一切领域，贯穿于人类存在的全部过程。人类认识活动是实现思维和存在的观念上的统一，人类实践活动是实现思维和存在的现实上的统一。仅就科学而言，任何一门科学都是以思维的规律去描述存在的规律，实现思维与存在在规律层面上的统一。自然科学是以思维规律去描述自然的规律，实现思维与自然存在在规律层面上的统一，社会科学是以思维规律去描述社会的规律，实现思维与社会存在在规律层面上的统一，思维科学是以思维规律去描述作为研究对象的思维的规律，实现思维与作为研究对象的思维存在在规律层面上的统一。因此，全部科学都贯穿着"思维和存在的关系"，都要遇到和处理"思维和存在的关系"。既然如此，为什么不把"思维和存在的关系问题"称为科学的基本问题，而只把它确定为哲学的基本问题呢？这是因为所有具体科学都是把思维和存在的统一性作为"理论思维的不自觉的和无条件的前提"，运用理论思维去研究各种具体的存在即自然存在、社会存在和思维存在，在认识中实现思维与存在在观念上的统一，并以此指导实践，在实践中实现思维和存在在现实上的统一，但始终不会去追问理论思维的前提，即思维能否与存在统一，思维怎样与存在统一。或者说，在各门具体科学那里，不论是自然科学，还是社会科学以及思维科学，都是把思维能够反映存在当作自然而然的事情，不证自明的问题，只是追求思维和存在统一的结果。

哲学则不同，它是把"思维和存在的关系"作为"问题"给予反思。只有在思维把"思维和存在的关系"当作"问题"进行反思时，"思维和存在的关系问题"才成为哲学的重大基本问题。正是思维对"存在"（这里的存在是指思维和存在的关系）的这种特殊关系，构成了人类思想的哲学维度——哲学的"反思"维度。由于"思维和存在的关系"是贯穿了人类把握世界的各种方式之中，而哲学是把"思维和存在的关系"作为自己的重大基本问题而加以研究的。因此人类把握世界的各种方式及其成果（即人类把握世界各种方式所获得的思维和存在统一的结果）将成为哲学反思的对象。哲学通过这些"成果"或"结果"的反思去探讨思维和存在的统一的过程，说明思维和存在是怎样统一的，思维和存在怎样才算统一。也就是去追问思维和存在相统一的根据，去考察思维和存在相统一的标准。这些理论认识可以为各门科学追求思维和存在统一的结果提供方法论指导，要求人们应该怎样通过理论思维去研究各种具体存在，才能在正确的前提下达到思维和存在的统一。具体说来，唯物主义和唯心主义是通过对思维和存在之间的本原关系的不同回答；辩证法与形而上学是通过对思维和存在怎样统一和怎样才能达到统一的不同回答，解决人们认识客观世界的道路和方法问题。

第三，哲学是一种概念性认识，把"概念"作为再思想、再认识的对象，即反思的对象，因此哲学是概念的反思。

概念是思维有机体的细胞，是思维的最基本形式。这是因为人的"理解是用概念的形式来表达""人一开口说话，他的话里就包含着概念"。这就是说人在思维过程中将自己对客观对象的认识和理解表达出来、说出来，就要运用概念。直接看到的东西属于感觉，但说出来的、表达出来的东西已经不是感觉，而是概念了，已经包含了一定程度的抽象性、普遍性。因此概念是思维中的普遍因素，思维过程就是运用概念的艺术过程。思维对存在的反映只能在概念的基础上进行，通过概念的辩证运动而实现。

概念的辩证运动就是概念从凝固、僵化客观事物运动，到突破僵化、凝固，在自身的相互流动、相互转化中再现客观事物的永恒运动。概念辩证运动的特点表明，概念是凝固性、僵化性与流动性、灵活性的对立统一。概念对客观事物运动描述，不可避免的总是粗糙化、僵化，但是随着人们实践活动的发展，随着人们对充满矛盾和矛盾双方相互转化的客观事物的认识不断深入，概念又不断地突破自己的僵化性向对立概念转化，并同其他一切概念处于一定的联系之中，再现客观事物无限发展变化的实际过程。人类就是在概念的辩证运动过程中无限地接近客观事物本身，达到思维和存在的近似统一，概念的运动与客体的运动的无限接近。正如恩格斯所指出的："一个事物的概念和它的现实，就像两条渐近线一样，一齐向前延伸，彼此不断接近，但是永远不会相交，两者的这种差别正好是这样一种差别，这种差别使得概念并不无条件地直接就是现实，而现实也不直接就是它自己的概念。"

哲学对"思维和存在的关系"的反思，就是通过思维过程中的概念辩证运动而进行的，就是在思维中否定和批判原有的概念结构，建立新的概念结构，就是不断地突破概念的凝固性、僵化性，过渡到概念的流动性、灵活性，使人的思维在正确的基础上接近客观存在。因此作为反思思维的高级形式，哲学就是概念性的认识，是概念的反思。也正因为如此，哲学的思维方式不仅难于掌握，而且难于理解。黑格尔就曾指出："一般人所说的哲学的难懂性"，一方面是由于他们"不惯于作抽象的思维"；另一方面是由于他们"急欲将意识中的思维和概念用表象的方式表达出来"。在黑格尔看来，哲学思维之所以难于掌握和难于理解，是因为哲学思维是一种抽象的理性思维，是一种概念思维，不同于一般人的表象思维。尽管哲学思维难懂，但只有经过哲学思维，把思维和概念作为哲学反思的对象，对象才是它本来的那样，对象的本质才能揭示出来。凡是没有思维和概念的对象，就是一个表象或者甚至只是一个名称，只有在思维和概念的规定中，对象才是它本来的那样。因此，只有升华到概念性的认识，才能达到哲学思维。

二、马克思主义哲学教育中哲学反思性的回归

哲学反思性的缺失是马克思主义哲学教育缺乏吸引力、没有发挥出马克思主义哲学教育应有的价值和作用的重要原因之一。要增强马克思主义哲学教育的吸引力，发挥马克思主义哲学教育的功能和作用，必须找回哲学的反思性。只有这样，马克思主义哲学才是真正的哲学，才是超越了旧唯物主义和唯心主义的科学的世界观、认识论和方法论。如何将哲学的反思性回归到马克思主义哲学教育，是当前马克思主义哲学教育改革所要面临的重要问题。

（一）转变哲学教育观念是哲学反思性回归的根本要求

马克思主义哲学教育活动正如其他的实践活动一样，是在一定思想观念支配下而进行的。思想观念影响实践效果，哲学教育观念直接影响着马克思主义哲学教育效果。我们过

去的马克思主义哲学教育没有发挥出应有的效果，没有产生对学生的巨大吸引力，是与我们过去的哲学教育观念密切相关的。教育者是教育受教育者，但教育者也是要受教育的，我国的哲学教师和哲学教育工作者绝大多数是通过中国式的马克思主义教科书或苏联式的马克思主义哲学教科书而教育培养出来的。他们同样以这样的哲学教科书教育受教育者，一代又一代的影响，形成了我国多年来的哲学教育思维定式或哲学教育观念，那就是把哲学或马克思主义哲学原理化、知识化，将它以纯知识的形态传授给学生。这正是我国的马克思主义哲学教育多年来难以走出困境的根本原因。尽管我们过去对马克思主义哲学教育进行了一些改革，比如马克思主义哲学教材体系内容的改变、教学方法的改进，甚至考试方法的改革。但由于长期受哲学是知识性学问这一观念的制约，教材体系内容的改变也只是将哲学知识进行了重新组合，或者在内容上增加了一些所谓的哲学知识；教育方法的改变也只是将传播哲学知识的方法加以改变，不论是这种方式的教还是那种方式的教，都是把哲学或马克思主义哲学当作纯粹知识来教，教给学生只是哲学知识，而不是方法，不是引导学生思维方式的改变；考试方法的改革也只是考核学生的基本知识的变革。总之，过去的马克思主义哲学教育改革并没有触及根本问题，没有认识到解决问题的根本出路。

马克思主义哲学教育要真正走出困境，必须把马克思主义哲学由纯知识教育转变为反思性批判性创新性教育。这是马克思主义哲学教育应有的一个根本要求。哲学本身就是反思的、批判的、创新的学问，哲学的产生和发展就是哲学自身的反思、批判和创新的结果，每一个哲学家的哲学理论都包含着反思批判的思想意识和创新的内在魅力。马克思主义哲学也是如此。我们进行马克思主义哲学教育就是要传达马克思主义哲学中的反思、批判和创新的声音，展现马克思主义哲学的反思、批判和创新意识，让学生学会怎样反思现有理论，摆脱现有理论束缚，达到理论的创新。

怎样转变马克思主义哲学的教育观念呢？或者说怎样才能将马克思主义哲学教育的观念转变过来呢？首先，要求教材编写应突出哲学的反思性、批判性和创新性，不能再把马克思主义哲学当成纯知识的学说进行编写，而是把它作为反思的批判的创新的学问进行编写。教材是进行马克思主义哲学教育的基础环节或者说第一环节，它直接影响教师的教和学生的学。如果教材突出了哲学反思精神，增加了哲学反思内容，必然要求教师将这一信息传达给学生；其次，要求教师的教学应突出哲学的反思性、批判性和创新性。教材编写是教学的前提，教材编写突出了哲学的反思性批判性和创新性，或者说将哲学的反思性批判性创新性贯穿到教材中去，并不意味着哲学的反思精神就能进课堂、进学生头脑。要做到这一点，关键在于教师，在于教师的教学。因为教师是将教材体系转化为教学体系的决定力量，也是教材内容进课堂、进学生头脑的决定力量。只要教师时时刻刻突出哲学的反思精神，准确的分析和阐述哲学反思的内容，肯定哲学反思的重要作用，就会使学生的反思意识逐渐得以形成。一旦学生形成了这种思想意识，将对他们今后思考问题和分析问题产生潜移默化的影响，也将提高他们的思维能力和水平。

教师的教学在马克思主义哲学教育观念的转变中至关重要，这是不容置疑的，但是要真正发挥出教师教学的这一重要作用，必须提高教师自身的素质，提高自身的理论水平，自己要具有反思的意识和态度，更要有反思的能力。这一方面要求教师深入钻研教材，领会马克思主义哲学的反思精神，这是就已将马克思主义的反思内容融入教材而言的。如果教师面对的还是传统的马克思主义哲学教材，也就是还没有将马克思主义的反思内容融入教材中，那就要求教师对传统的马克思主义哲学教材的一些理论问题加以反思。因为传统的马克思主义哲学教材有些理论观点在表述和分析上是存在问题的。如哲学基本问题与辩证法的分离，辩证法与认识论的分离，马克思主义哲学的世界观、认识论与方法论的分离，历史唯物主义理论体系的方法论意义探讨的缺乏，等等。这些问题都是需要我们教师深入反思和加以纠正的问题。由于有些问题在我们有关章节做过论述。因此，这里我们着重对历史唯物主义理论体系构建的方法论意义做一说明。

过去在讲授历史唯物主义理论时，主要是分析历史唯物主义的基本理论和基本观点，从世界观意义上理解马克思主义的历史唯物主义理论，缺乏或主要缺乏从方法论意义上去分析历史唯物主义理论体系的建构。其实历史唯物主义理论体系的建构是运用了实践分析方法、系统分析方法、矛盾分析方法、过程研究方法、社会主体研究方法等。因为实践是社会存在和发展的基础，物质生产活动是人类社会发展的决定性力量，人类社会发展史就是生产实践发展的历史，因此马克思分析社会历史始终是从现实的人及其实践活动出发，正如他指出的，历史不是在天上的云雾中，而是在尘世的粗糙的物质生产中，马克思正是以实践为基础构建起历史唯物主义理论体系。立足人的实践活动研究社会，用人的生产实践活动解释人类历史的方法，"是唯一的唯物主义的方法，因而也是唯一科学的方法"。人类社会是一个复杂系统、有机整体，马克思正是把人类社会当作一个系统、有机体来分析，揭示了社会系统的构成要素和社会有机体理论，构建起了历史唯物主义理论体系。人类社会是一个充满矛盾的社会，没有矛盾就没有社会，没有社会的发展，马克思正是运用矛盾分析法揭示了社会矛盾的普遍性和特殊性，提出社会基本矛盾是人类社会发展的基本动力的理论，发现了人类社会发展的普遍规律，即生产关系一定要适合生产力发展的规律、上层建筑一定要适合经济基础发展的规律。所以恩格斯指出，"正像达尔文发现有机界的发展规律一样，马克思发现了人类历史的发展规律"。人类社会由于社会矛盾的推动始终是一个由低级到高级的发展过程，正如恩格斯指出世界不是现成事物的集合体，而是过程的集合体，人类社会和科学真理都是一个处在变化发展的过程之中，人类社会不可能在完美的理想状态中结束，任何一个社会形态都是人类社会无止境地发展过程中的暂时阶段。马克思恩格斯他们正是运用过程分析方法揭示人类社会由低级到高级发展的五种基本社会形态，人类社会最终实现共产主义，达到"自由人的联合体"的状态。历史不过是追求自己目的的人的活动而已，人类社会历史就是人通过生产劳动而诞生的过程，是自然界对人的生成过程。因此人是社会历史的主体。马克思恩格斯由此将现实的人及其活动作为社会历史分析的出发点，揭示人的社会本质，揭示个人发展与社会发展的一致，将人的生存发展程度作为社会发展的衡量标准，将人的生存状态的改变作为社会发展的追求目标，并力争改变人对人的依赖、人对物的依赖状态，走向人的自由全面发展状态。这一切都离不开社会历史主体即人的活动及作用，由此确立了人民群众是历史创造者的群众观点。

因此，教师必须要对历史唯物主义理论体系给予充分反思，从这些基本理论观点的背后寻找它们所包含的基本方法。只有这样我们才能真正认清和领悟历史唯物主义理论创立的伟大理论意义和现实意义。如果教师讲授历史唯物主义多从方法论意义上去阐述和分析，学生的学习兴趣定会得到提高的，而且这样讲授学生才会认可历史唯物主义的基本观点，也才能学会如何去分析社会现实问题，也才能明白我党理论创新背后的历史唯物主义方法论意蕴和历史唯物主义方法的运用。

要提高教师的理论水平，增强教师的反思意识，不仅要求教师深入钻研教材，而且要求教师认真钻研马克思主义哲学经典著作。过去我们的教师之所以对马克思主义哲学教科书的内容没有进行反思，也不会带着批判的眼光去看待和理解马克思主义哲学教科书的内容，是因为我们的教师存在一个错误的观念或误解，认为马克思主义哲学教科书的内容就是正宗的马克思主义哲学观点，是完全正确的知识体系，根本用不着对此加以反思和批判。出现这种错误观念或误解，是与我们教师缺乏对马克思主义哲学经典著作的深入学习和认真研究密切相关的。尽管近年来我们对马克思主义哲学经典著作的学习和研究出现了一些令人振奋的趋势，也出现了一些成果，但总体上看不仅成果数量少，而且深入钻研还是不够。由于对马克思主义哲学经典著作缺乏深入钻研，我们的教师就弄不清马克思主义哲学教材的基本理论和基本观点是不是与马克思恩格斯的哲学观点以及这些观点的内涵和表述相符合，也就是说教科书的理论观点和理论表述是不是马克思、恩格斯本人的。其实马克思主义哲学思想本身也有一个发生、发展和变化的过程，青年时期马克思的哲学与其中年、晚年的哲学思想有所侧重和有所区别，而现有的马克思主义哲学（原理）教科书所阐述的内容，往往是出之于中年时期，对晚年时期和青年时期的哲学思想很少论及甚至根本没有论及。这不仅对马克思主义哲学把握是片面的，而且没有忠实于马克思主义经典作家思想的本义。如青年时期的异化理论与马克思对资本主义的批判及历史唯物主义的构建密切相关，但我们的马克思主义哲学教科书并未涉及；如晚年时期马克思关于人类学方面的研究也未反映在马克思主义哲学教科书中。如果我们了解马克思主义经典作家的哲学思想，了解马克思主义哲学思想的发展历程，将其贯穿于我们的马克思主义哲学教科书和教学中，有"史"作为基础和背景，我们讲授出来的东西就是生动的思想，而不是枯燥、僵死的教条了。

由于我们的一些教师没有深入学习和认真钻研马克思主义哲学经典著作，再加上没有西方哲学史背景，因此他们对传统的马克思主义哲学教科书所表述的基本理论和观点本身不是马克思恩格斯的观点，而是西方近代唯物主义哲学家的观点概然不知。教材在他们心目中的权威地位导致他们把马克思主义哲学教科书中所阐述的观点看成是马克思主义的正宗观点，当然就不可能有对传统的马克思主义哲学教科书的反思与批判。在他们看来教学就是把马克思主义的这些正宗观点传授给学生，照本宣科地讲清马克思主义哲学教科书的每个基本观点，就算大功告成了，至于对教科书的反思和质疑似乎完全是多余的，或者说根本没有对教科书反思和质疑的意识。这就是因为他们不了解马克思主义哲学经典著作，不了解西方哲学史，没有这方面的背景知识，他们就没有看待马克思主义哲学教科书的参照对象，没有比较怎么有鉴别呢？这样一些不是马克思主义哲学的观点而是西方近代唯物主义哲学家如霍尔巴赫、费尔巴哈的观点，却成为传统的马克思主义哲学教科书的正宗观点，同样一些本是马克思主义哲学的观点却当成非马克思主义的观点进入不了马克思主义哲学教科书。还有一种情况就是对马克思主义任意附加。如马克思主义哲学教科书中讲时间与空间的内容，主要是讲牛顿、爱因斯坦的时空观，读后不知马克思主义的时空观在哪里，其实恩格斯《反杜林论》中对时空观有详细的阐述和充分的论证；讲系统观的内容是从古希腊的"系统"观点讲到贝塔朗菲的现代系统观，可是讲完后却声明"系统论毕竟不是哲学"。

因此我们的教师需要通过对马克思主义哲学经典著作的深入钻研和对西方哲学史的学习，加强对传统的马克思主义哲学教材的反思，弄清什么是马克思主义哲学，马克思主义哲学的范围到底有多大？弄清哪些是必须长期坚持的马克思主义哲学基本原理，哪些是必须破除的对马克思主义哲学的教条式理解，哪些是马克思主义哲学的基本观点，哪些不是马克思主义哲学的基本观点，哪些是附加在马克思主义哲学名义下的观点。

（二）改进教学方法是哲学反思性回归的根本手段

哲学是反思性学问，反思是哲学的思维方式和方法，就这一意义讲，哲学包括马克思主义哲学教育的目的就是培养学生有反思的意识、掌握和运用反思的方法、学会反思现有理论和现实问题。但是我们过去的照本宣科、机械灌输的哲学教育方法是无法达到这一目的的，最多只是给予学生一些现成的知识结论，没有给予学生获取知识的方法，学生反而受现有知识结论的束缚而无法摆脱、超越和创新，养成死记硬背的习惯，应付考试。考试结束一切都还原了，自身的世界观和方法论没有根本转变，自身的思维能力没有得到提高。因此改进哲学教学方法是马克思主义哲学教育改革的重要内容，是哲学反思性回归的根本手段。

怎样改进教学方法呢？不同的学科在教学方法上既有共通之处，也有不同之处。哲学包括马克思主义哲学的教学除了遵循各种学科教学的共同原则与方法之外，必须遵循与哲学本性相适应的教学方法。从哲学思维讲，哲学的本性就是反思、批判和创新，哲学就是反思性、批判性、创新性的学问。因此哲学包括马克思主义哲学教学的方法就这一视角理应是反思，反思本身就是哲学的思维方式和方法。要改进马克思主义哲学的教学方法，就是让教师用反思的方法教，让学生用反思的方法学。也就是教师要用哲学的方式教哲学，学生要用哲学的方式学哲学，让哲学被教成哲学。"真正的哲学教育者就必须培育自己的批判者，用智慧的乳汁哺育自己思想的掘墓人。"要实现这一哲学教育目的，教师就必须正确引导学生怎样"从现有的观念出发而离开现有的观念，以现存理论的反思活动解除现存理论的束缚，开出一块原来未曾进入的空间"。这样学生的创新精神和创造能力才能培养和激发起来，学生的理论思维水平才能得以提高。

具体地讲，要完成上述转变，我们在马克思主义哲学的教学中不能采用知识灌输的方法，而是采用启发式教育方法。启发式教育方法在中国古代集中体现在孔子的教育方法中，在西方古代以苏格拉底为杰出代表。在中国启发一词源于孔子的"不愤不启，不悱不发。举一隅而不以三隅反，则不复也。"后来朱熹将孔子的"愤悱"思想解释为"愤者，心求通而未得之意；悱者，口欲言而未能之貌。启，谓开其意；发，谓达其辞。"心求通而未得之意，即学生想弄明白某个道理或有些兴趣，但是却弄不明白；口欲言而未能之貌，是指学生想说，但却说不出来、说不清的情况。孔子主张，在这种情况下，要帮助学生弄清他要弄清的道理，厘清其思路，使之能表述清楚。因此，孔子的启发式教育方法就是让学生能够达到举一反三的效果。古希腊哲学家苏格拉底主张哲学教育采用"问答法"，也称"产婆术"或"助产术"，他是西方最早运用启发式教育方法的代表。他认为知识是先天就有的，本来就存在于人的头脑中，教师的教育不是把知识的结果直接告诉学生，而是启发、引导学生去思考，反思原有的知识，帮助学生去发现和获得新的知识，正确的知识。因此，教师的功能不是把知识外在地灌输给学生，而是将学生头脑中所形成的知识诱导出来，达到正确认识，就相当于助产婆将母体中的婴儿接生出来一样，所以又称为"产婆术"。

启发式教育方法是实现学生学习的主动性与创造性相结合、促进学生学习的内因与外因相结合、达到学生的心理与认知协调发展的重要手段。启发式教育方法正是要求教师从学生原有的知识结构出发，通过各种有效手段反思原有的知识结构并不断打破原有知识结构的平衡，不断激发学生新的认知需求，以促进其知识结构不断向前发展。在启发式教育方法中，教师就不是真理的布道师和宣示者，而是与学生平等的真理追求者、对话者和交流者。因此，为了落实启发式教育方法，论辩式教学应当作为马克思主义哲学教育的本质手段予以强调。具体地说就是在马克思主义哲学教学中注重讨论、辩论相关理论问题，引导学生进入哲学研究的状态，形成学生自主学习、自主探究的教学模式。这种教学模式是从学生已有的思想认识出发，引导学生通过反思和探索，形成哲学见解，通过教师的步步启迪使学生自己去发现真知和真理，而不是直接把一套标准的世界观和方法论灌输给学生。这样可以增进师生思想的交流、互动，最大限度地调动学生的积极性、主动性，培养起学生的反思意识、批判意识和创新意识。学生一旦形成了这样的思想意识和思维习惯，学生就会改变自己的学习态度和学习方法，就会对教科书的结论和教师讲授的内容敢于质疑，真正成为一个与教师平等的真理追求者和探索者。这既能激发他们学习马克思主义哲学的兴趣，提高自己的理论思维能力和水平，又能对其他学科的学习有潜移默化的作用，将马克思主义哲学变成自己终身受益的课程。

第二节　哲学的时代性与马克思主义哲学教育创新

一、真正的哲学是时代精神的精华

（一）时代创造了哲学，哲学反映和表达时代精神

任何哲学理论都不是凭空产生的，而是时代的产物，时代创造了哲学。正如陈先达教授认为的那样，康德的哲学、黑格尔的哲学虽然以个人命名，但严格地它们是时代的产物。关于这一问题，黑格尔和马克思都做过精辟的论述。黑格尔指出："哲学并不站在它的时代以外，它就是对它们时代的实质的知识""个人无论怎样为所欲为地飞扬伸张——他也不能超出他的时代""每一哲学属于它的时代，受它的时代的局限性的限制，每一哲

学都是它的时代的哲学"。因此，在黑格尔看来，一种哲学妄想超出它那个时代，与一个人妄想跳出他的时代一样是愚蠢的，不可能的事情。如果一个人的理论真要超越时代，只能存在于他个人的私见中，不可能得到时代的认可，不能满足他的时代要求，不符合时代潮流。因为哲学是历史性的思想，离开历史性没有时代感的思想，哲学就成为空洞的教条和现成的结论。马克思也明确指出："因为任何真正的哲学都是自己时代精神的精华，所以必然会出现这样的时代，那时哲学不仅从内部即就内容来说，而且从外部即就其表现来说，都要和自己时代的现实世界接触并相互作用。"马克思的这一深刻的见解揭示了哲学与时代精神的关系，但是人们常常不加分析地将马克思主义这一见解转述为"哲学是时代精神的精华"，这是不准确的，是对马克思这一论断的误解。

马克思从来没有抽象地说哲学是时代精神的精华，并不是任何哲学都是时代精神的精华。因为任何哲学理论都有正确与错误、精华与糟粕之分。即使是正确的哲学理论也有反映时代精神的程度和深浅的不同，因此哲学可能是时代的精华，也可能是时代的糟粕，可能是真理的东西，也可能是错误的理论。所以马克思明确强调只有真正的哲学才是自己时代精神的精华。那么什么是真正的哲学呢？

第一，真正的哲学是对人类哲学思维做出创造性贡献的哲学，而不是简单地归结为唯物主义哲学。但是我们过去的马克思主义哲学教科书的表述和一些教师的教学有一种误解，认为唯物主义哲学是正确的，唯心主义哲学是错误的，因此唯物主义哲学就是真正的哲学，唯心主义哲学就不是真正的哲学。出现这种误解是与我们过去对"哲学史"的理解分不开的。过去我们认为哲学的发展历史就是唯物主义与唯心主义斗争的历史，或者说就是唯物主义斗争与唯心主义的历史，其实哲学史是哲学认识发展的历史、哲学思想发展的历史。因此只要对人类哲学认识的发展和人类哲学思想的发展起过推动、做出过创造性贡献的哲学，就是真正的哲学，不论它是唯物主义哲学还是唯心主义哲学都是如此。哲学史上不论是古代的唯物主义、近代的唯物主义还是现代的唯物主义，很多哲学家都对人类哲学思维的发展做出了创造性的贡献，同样不论是主观唯心主义还是客观唯心主义，很多哲学家都对人类哲学思维的发展做出了创造性的贡献。具体而言如哲学史上的柏拉图、亚里士多德、康德、黑格尔、费尔巴哈等都对人类哲学思维发展做出过创造性贡献的。所以简单地将真正的哲学说成是唯物主义哲学是不正确的。列宁说过，聪明的唯心主义比愚蠢的唯物主义更接近唯物主义。如黑格尔哲学是唯心主义的，但它绝对称得上是时代精神的精华，是真正的哲学，而19世纪40年代庸俗唯物主义形式上是唯物主义，但它绝对是糟粕的东西。黑格尔哲学之所以是时代精神的精华不在于它的唯心主义，而在于它比愚蠢的唯物主义聪明，庸俗唯物主义之所以是糟粕不在于它是唯物主义，而在于它比聪明的唯心主义愚蠢。

第二，真正的哲学必须是反映时代进步要求和人民要求的哲学。马克思指出："哲学家的成长并不像雨后的春笋，他们是自己的时代、自己的人民的产物，人民最精致、最珍贵和看不见的精髓都集中在哲学思想里面。"在马克思看来，尽管每一种哲学理论都是从不同的角度，不同方式和不同程度反映了时代的要求，都是时代的产物，但并不是每一种哲学理论都是时代精神的精华，都是真正的哲学。要想成为时代精神的精华，成为真正的哲学，必须是自己时代、自己人民的产物。具体说来，就是只有反映了时代的最本质的特征、反映了时代的最主要的潮流，反映了时代的发展趋势的哲学才是时代精神的精华，才是真正的哲学。如近代哲学从本体论转向认识论，理性主义成为近代哲学的主题，它反映了资本主义新时代的理性主义本质特征，崇尚理性的时代潮流。理性决定一切，知识万能，逻辑思维方法准确无误，成为近代哲学家的共识，理性主义哲学到德国古典哲学发展为最完备的形式，黑格尔把理性看成一切事物的根源，"理性狡计"是人类社会历史的推动者，理性主义哲学被推向了顶峰。不仅如此，真正的哲学也必须是自己人民的产物，马克思主义哲学不仅反映了其时代的本质和时代未来发展的趋势，而且是无产阶级和广大人民群众最精致、最珍贵的精髓，反映了无产阶级和广大人民群众的要求，是无产阶级认识世界和改造世界的思想武器，是指导无产阶级革命运动的科学世界观、认识论和方法论。马克思就明确指出："哲学把无产阶级作为自己的物质武器，无产阶级把哲学作为自己的精神武器。"列宁也强调："马克思的哲学是彻底完备的唯物主义，它把伟大的认识工具给了人类，特别是给了工人阶级。""只有马克思的哲学唯物主义，才给无产阶级指明了如何摆脱压迫和精神奴役的出路。"因此，马克思主义哲学之所以是真正的哲学，是自己时代精神的精华，就在于它是反映了时代进步要求和人民要求的哲学。

第三，真正的哲学必须是概括和总结了人类实践经验和成果而形成的哲学。也就是把人民最精致、最珍贵、看不见的精髓集中在自己的哲学里。作为世界观的哲学理论不是哲学家头脑里固有的，也不是哲学家苦思冥想随意创造出来的，而是来源于实践，是人类实践经验的总结。同时哲学的产生也有它深厚的自然科学基础，哲学是对各门科学知识的概括和总结。马克思主义哲学的形成就是总结无产阶级革命实践经验的结果，也是充分利用和深刻反映19世纪中叶自然科学的巨大进步特别是当时自然科学三大发现（细胞学说、能量守恒与转化定律、达尔文的生物进化论）的结果，三大发现为马克思主义唯物辩证法思想的形成和唯物辩证法理论体系的建立奠定了坚实的自然科学基础。恩格斯明确指出，"随着自然科学每一划时代的发现，唯物主义也要改变自己的形式"。马克思主义哲学的创立也是基于自然科学划时代的三大发现。总之，马克思主义哲学之所以是科学的世界观和方法论，它无论是对客观世界的认识，还是对主观世界的认识，其深刻性和真理性都是其他哲学学说所无法比拟的，这正是在于它吸收和改造了人类创造的一切优秀文化成果。列宁就指出："马克思主义这一革命的无产阶级思想体系赢得了世界历史性的意义，是因为它并没有抛弃资产阶级时代最宝贵的成就，相反地却吸收和改造了两千多年来人类思想和文化发展中一切有价值的东西。"马克思主义哲学之所以是真正的哲学，是自己的时代精神的精华，就在于它概括和总结了人类实践经验和科学成果。

从一种哲学成为真正的哲学，成为时代精神的精华的三个条件说明，真正的哲学必须是反映了时代的本质特征，反映了时代的发展潮流和趋势，是自己时代的产物；必须是解决了时代的问题，对人类哲学思维的发展做出了创造性贡献；必须是总结了自己时代的实践经验和科学成果，是时代精神的理论升华。这一切说明了时代创造了哲学，哲学最为集中地、最为深刻地、最为强烈地反映和表达了时代精神。

不仅如此，而且从人类哲学思想的发展也可以看出，时代创造了哲学，每一时代都有自己时代的哲学，时代变化到哪个程度，哲学思想就会发展到哪一程度，每一时代的变化都会引起哲学思想的变化。我们常常把哲学区分为古代哲学、近代哲学、现代哲学和当代哲学，就是以"时代"为尺度对哲学理论的划分，标志着哲学理论的时代内涵和时代特征，也是体现了哲学理论的时代变化和变化程度。从哲学发展史我们还可以看出，每一时代的哲学也会反映和表达那个时代的时代精神。西方学者曾经以哲学所表达的时代精神为依据，把西方的历史划分为"信仰的时代"（中世纪）、"冒险的时代"（文艺复兴时期）、"理性的时代"（17世纪）、"启蒙的时代"（18世纪）、"思想体系的时代"（19世纪）、"分析时代"（20世纪）。

（二）哲学反作用于时代，塑造和引导新的时代精神

哲学家比一般人站得高看得远，因此他们并不只是简单地说明当今时代的社会现实问题，而是在充分研究它所处的时代的同时不断地超越他所处的时代。哲学家只有超越他的时代才能透视他的时代。也就是说，任何真正的哲学，作为时代精神的精华，不是仅仅反映和表达时代精神，而且更为重要的是塑造和引导新的时代精神。因为任何真正的哲学反映了自己时代的本质特征和发展潮流，对时代精神做出了准确把握，因此它就能够预示到时代未来的发展趋势，并塑造和引导出新的时代精神。可以说超越就是人类认识的根本特征，也是哲学认识的根本特征，这集中体现了哲学的批判性和理想性，整个西方哲学史充分证明了这一点。翻开哲学史就可以看到从古至今那里充满着不同乃至对立的观点、体系派别，有多少哲学家，就有多少哲学观点，这些不同的哲学观点都包含着哲学家之间和哲

学理论体系之间的批判继承和发展创新，而不是简单的否定和全盘的接受。所以黑格尔批判那些肤浅地理解哲学史的人时指出，在这种人眼中哲学史不过是"一个死人的王国"，在那里每一个杀死另一个，并且埋葬另一个，"堆满着死人的骨骼"，没有更多的意义，但实际上是哲学的发展与创新。

哲学之所以具有批判性理想性，这既与哲学本身的反思性有密切关系，也与人类独特的生存方式联系在一起的。哲学作为反思的学问本身就要对原有的理论体系、概念体系以及原有的理论的思想前提进行批判，目的是建立一种新的理论体系、概念体系，因此哲学的反思性决定了哲学的批判性、理想性。实践是人类的生存方式和本质活动，人类实践活动不仅具有现实性，而且具有理想性，不仅具有有限性，而且具有无限指向性。基于人类实践本性的理论思维以及人类的认识活动，总是力求在最深刻的层次上或最彻底的层次上把握世界、解释世界。无论是人类实践活动还是人类认识活动都表现出人从来不满足于既有存在而总是追求未来理想存在的特性，即人的"形而上学"本性。人类总是要为自己设定某种基于现实又超越现实的理想目标，不断否定自己的现实存在，把现实变成更为理想的现实，为自己开辟出一片自我批判和自我超越的空间。

哲学的批判性和理想性说明了哲学不仅具有时代性，反映和表达时代精神，而且具有超越性，塑造和引导新的时代精神，推动时代的发展。哲学作为社会意识形态是由社会存在所决定的，反映社会存在，但是社会意识具有相对独立性，社会意识的形成有自身独特的发展规律，与一定时代的经济、政治制度等不完全同步，经济发展水平高的国家或民族并不一定产生先进的社会意识。哲学的产生和发展在这方面的表现尤为突出，因为哲学是"更高的即更远离物质经济基础的意识"，经济基础、经济发展水平对哲学的产生和发展具有归根到底的决定作用，哲学虽然是在人类物质生产发展到一定水平，即有了"闲暇阶层"而产生的，但哲学并不是由于某种物质利益的驱动，哲学的产生与发展出于人类"高尚"精神的需要，旨在于提高人的精神境界。因此经济基础、经济发展水平对哲学的产生和发展不具有直接的决定作用。哲学的产生和发展很大程度上是各种社会意识形态的相互影响，相互作用和历史继承的结果，这是社会意识相对独立性的重要表现。

哲学对时代的超越性主要表现在以下几个方面：第一，哲学具有预见性。哲学家高瞻远瞩，能够立足于对自己所处时代的时代精神的把握，提出超越自己时代的一些预设性的东西，这些预设性的东西往往能启迪人们的思维，开阔人们的眼界，激发人们的想象力和创造力。如果说没有假设就没有科学的发展和进步，那么哲学家提出一些预设性的东西将有助于科学的发展和进步。如古希腊哲学家德谟克利特将世界的本原确定为原子，将物质归结为原子，就是以哲学的形式对近代自然科学原子论的一种预设，古希腊唯物主义哲学家阿那克西曼德曾说人是从鱼变来的，就是以哲学的形式表达了生物进化的思想。古希腊的哲学家很多是自然科学家，当时科学还没有从哲学那里独立出来，很多哲学家都以哲学的形式表达了他们对自然现象和人类社会现象的解释和猜测。第二，哲学的终极性关怀和理想追求。人是理想性的存在，是一种从来不满足于现状而总是不断追求未来理想存在的存在，这是人的"形而上学"本性或人的"形而上学"追求。正是由于人的理想追求，社会才能得到发展，时代才会进步。如果人都是安于现状，那么社会的发展和时代的进步就成为不可能。因此，我们时常要求人们树立自己的理想，这是人之为人的根本，而且人只有树立了理想，才能给自己带来希望，才能使人们的奋斗具有方向性和目的性，减少人们活动的盲目性。柏拉图的理想国、培根的新大西岛和马克思的共产主义都是人类理想性追求的典型表现。人的理想性追求是哲学的终极性关怀的人性基础，哲学的终极关怀内在地包含着人的理想性追求，也最集中最深刻地表达了人的"形而上学"本性与追求。哲学从产生之日起，就力图对世界做出终极解释，为人类提供某种关于人类生存和发展的"最高支撑点"或"安身立命之本"。然而哲学的时代性决定了充当人类生存和发展的"最高支撑点"或"安身立命之本"只能是特定时代的哲学理论，但这种特定时代的哲学理论内容也不能实现哲学的这种理想目标，因此，时代的局限决定了哲学的批判性，决定了哲学的时代超越，去追求更为理想的目标。

哲学的超越性决定了哲学能够塑造和引导新的时代精神，哲学的超越性决定了哲学必须塑造和引导新的时代精神，否则它就不能成为自己时代精神的精华，不能成为自己时代的真正的哲学。每一时代的哲学既解决了自己的时代问题，又给新时代留下了新的问题，要解决新时代的问题，哲学就必须要超越以往的哲学，对包括科学在内的人类把握世界的各种方式所形成的关于世界的"思想"的批判和反思，达到思维与存在的更高程度上的统一，达到哲学的批判性与理想性的统一，为哲学的发展展现出更为广阔的前景。当然以"思想"为对象的哲学，着重是通过对"思想前提"的批判和反思，用新时代精神去变革旧时代的思想前提和塑造新时代的思想前提，决定着人们想什么和不想什么的思维方式、价值观念和审美情趣，进而改变人们的存在方式，塑造和引导新的时代精神。哲学就是在自我"消解"、自我"批判"、自我"终结"中实现的自我超越，为哲学的自我超越创造新的思想前提，塑造和引导新的时代精神，展现新时代哲学的强大生命力。

二、马克思主义哲学教育中哲学时代性的回归

(一) 马克思主义哲学教育要立足于实践，关注和解决时代问题

实践的观点是马克思主义哲学的首要的基本观点，实践是马克思主义哲学理解和把握人类世界的根本依据，是构建马克思主义哲学体系的基本原则。实践在马克思主义哲学中的地位不仅局限于是辩证唯物主义认识论的首要的基本的观点，而是整个马克思主义哲学建立的基础，是贯穿于马克思主义哲学的主线，所以马克思主义哲学的创始人将他们的哲学称为"实践的唯物主义"。马克思在《关于费尔巴哈的提纲》中对旧唯物主义和唯心主义关于"对象、现实、感性"理解的局限性的分析和总结，认为他们的共同点是忽视了实践的作用和对实践的不正确的理解，促使马克思主义深入而全面地探讨了人类实践活动及其意义，将实践作为人类把握世界的根本方式，实现了"实践转向"，形成了人类理解和把握世界的新的思维方式和新的世界观，将主体与客体、主观与客观、思维与存在统一在实践基础上，解决了主观世界与客观世界、自在世界与人类世界分化统一的基础问题。所以恩格斯认为《关于费尔巴哈的提纲》是"包含着新世界观的天才萌芽的第一个文献"。

"实践的唯物主义"是马克思主义哲学区别一切旧哲学的最显著的特征，在一定意义上讲"没有科学的实践概念，就没有马克思主义哲学的产生"。马克思主义哲学正是在总结无产阶级革命实践经验基础上而形成的，马克思主义哲学也是立足于指导和服务于无产阶级革命实践。所以马克思认为以往的"哲学家们只是用不同的方式解释世界，问题在于改变世界"。也就是说哲学不能只停留于解释世界，而是要致力于改变世界，马克思主义哲学的根本目的就是对旧世界进行理论批判和实践改造。在马克思看来，离开实践的哲学理论只能是空洞的一成不变的理论教条，是没有现实的力量的。他明确指出："人的思维是否具有客观的真理性，这不是一个理论的问题，而是一个实践的问题。人应该在实践中证明自己思维的真理性，即自己思维的现实性和力量，自己思维的此岸性。关于思维——离开实践的思维的现实性和非现实性的争论，是一个纯粹经院哲学的问题。"

马克思主义哲学的实践本性要求马克思主义哲学教育必须坚持理论与实际相结合，具体说来，马克思主义哲学教育要立足于实践需要，关注当今时代的重大问题。实践的需要是理论的生长点，是理论的出发点，没有实践需要，不可能有理论的产生，离开实践理论就成为无源之水，无本之木。实践的需要也决定理论研究的价值，离开实践理论就失去了意义，"理论在一个国家实现的程度，总是取决于理论满足这个国家的需要程度"。马克思主义哲学不是远离群众的思辨体系，不是高谈阔论、脱离现实的清淡理论，不是空讲道

理、解决不了实际问题的书本学说，而是走出了思想世界回归现实世界、关注现实的人及其发展的哲学，它将实践活动优先于理论活动的原则贯彻其中，立足于实践需要研究理论成为马克思主义经典作家一以贯之的研究方法。因此，马克思主义哲学教育就不能进行空洞的说教，热衷于形而上学的抽象思辨，而应立足于实践需要，关注当今时代的问题。

实践的需要本身就包含着人们所要解决的问题。立足实践需要进行马克思主义哲学教育，首先就是要把时代的问题融入马克思主义哲学教育中，马克思主义哲学教育首先就是培养学生具有强烈的问题意识，引导学生善于提出问题，分析问题和解决问题，增强他们分析问题和解决问题的能力。马克思就指出："真正的批判要分析的不是答案，而是问题。问题就是公开的、无畏的、左右一切个人的时代声音，问题就是时代的口号，是它表现自己精神状态的最实际的呼声。"问题是时代矛盾的集中反映，问题中饱含着时代的呼唤、群众的呼声，现实的要求和矛盾最强烈地表现在人类所面临的各种问题之中。马克思主义哲学教育就是让学生获取一种分析问题和解决问题的科学理论。其次，马克思主义哲学教育要时刻关注当今时代的问题，离开时代问题进行马克思主义哲学教育只能是空洞的说教，只会让学生感到枯燥乏味，发现不了马克思主义哲学的价值和意义。马克思主义哲学的发展进步似乎是从理论到理论的进步，实际上是"从问题到问题的不断进步——从问题到越来越深刻的问题"。一部马克思主义发展史就是以"问题"的更替为中轴而牵动的核心概念范畴新陈代谢的历史。马克思主义的创立正是源于马克思恩格斯对"资本主义向何处去"、无产阶级和全人类如何解放等重大问题的深刻反思；列宁主义的问世正是源于列宁对帝国主义时代的问题、落后国家能否建立社会主义问题的深刻反思。因此只有在每一时代问题的分析和解决中，才能丰富和发展马克思主义，才能体现马克思主义的当代价值。

社会实践丰富多彩，社会问题错综复杂，当代中国面临许多重大的矛盾和问题，有事关国家和民族命运的重大问题，有事关经济社会发展的关键问题、前沿问题，有事关人类生存和发展的根本问题，还有事关政治生态良好、文化繁荣、国内稳定、世界和平等一系列问题。这些问题既需要纳入学术研究的视野，给予深刻的理论回答，也需要纳入马克思主义哲学教育的视野，用马克思主义哲学理论给予科学解释，引导学生正确地认识这些问题、分析这些问题并致力于解决这些问题。比如用马克思主义哲学基本原理剖析"和谐世界"建设面临的重大问题：核战争威胁、恐怖主义、霸权主义、经济危机等。这些问题从表面看是人类工业文明发展带来的悖论：一方面人们的物质生活资料极其丰富；另一方面资源及生态形势日益严峻，由此产生了霸权主义及国家间的冲突。但实质上这些问题的出现是资本主义生产方式、价值目标的片面性，即片面追求物质财富的增长而置人类的可持续发展于不顾的结果。这与马克思主义哲学的根本价值取向是不一致的。马克思主义哲学从宇宙本体转向人类世界，关注现实的人及其发展，直面现实生活中人的生存境遇、价值诉求，以实现每个人的自由全面发展为其价值取向，以对为了少数人的利益而造成社会不公和对自然界无限掠夺的资本主义生产方式的批判为宗旨，以实现人与自然、人与人的和谐发展及全人类解放为目标。可见，马克思主义哲学的价值取向仍然具有时代价值和意义，仍然是人类摆脱当今困境的精神武器，仍然是人类追求实现每个人的自由全面发展的理想目标的精神动力。再如用马克思主义哲学基本原理分析我国社会发展中的热点问题：教育不公、收入分配不公、发展不平衡、就业难和腐败等问题，引导学生正确面对这些问题，实事求是地分析这些问题，切忌夸大这些问题，以此否定社会主义制度的优越性，否定中国改革开放的伟大成就。特别需要辩证地看待这些问题，一方面肯定这些问题是中国在社会主义初级阶段特别是社会转型期所必然出现的问题；另一方面明白这些问题是我国当前社会发展的支流而不是主流，并且这些问题在以习近平总书记为代表的新一代中央领导集体的领导下，在实现中华民族伟大复兴的历史进程中正在逐步得以解决。

当今的马克思主义哲学教育应该强化问题意识和批判精神，及时就重大现实问题做出切中时弊的分析，引导学生运用马克思主义哲学这一科学的世界观和方法论去观察和分析这些问题，激发学生学习理论服务社会的责任感和自觉性，马克思主义哲学教育会有吸引力的。马克思主义哲学教育有没有吸引力，关键在于我们的哲学教育工作者怎样讲授马克思主义哲学。如果我们离开活生生的实践需要，离开当今时代的重大问题，执着于知识的灌输、枯燥的理论教条的宣讲，只能使学生远离哲学、害怕哲学，马克思主义哲学的课堂越来越冷清。如果我们立足于实践需要，关注当今时代的重大问题，用马克思主义哲学理论分析清楚这些问题，解决好了这些问题，并在解决这些问题中丰富和发展了马克思主义哲学，我们的马克思主义哲学教育就有吸引力，马克思主义哲学的时代性就会强烈地体现出来。一句话，就是要求我们的马克思主义哲学教育要讲出马克思主义哲学的时代价值和意义。

(二) 马克思主义哲学教育要突出马克思主义哲学中国化

马克思主义有广义和狭义之分，狭义的马克思主义是指马克思和恩格斯创立的基本理论、基本观点和学说的体系。广义的马克思主义是指由马克思、恩格斯创立的，而由其后各个时代、各个民族的马克思主义者不断丰富和发展的基本理论、基本观点和学说的体系。作为中国共产党和社会主义事业指导思想的马克思主义，既包括由马克思、恩格斯创立和列宁等发展了的马克思主义，也包括中国共产党人将其与中国具体实际相结合，形成的马克思主义中国化理论成果。既然如此，那么我们对马克思主义哲学的认识和理解也有广义和狭义之分。狭义的马克思主义哲学是指马克思恩格斯创立的哲学，广义的马克思主义哲学既包括由马克思恩格斯创立和列宁等发展了的马克思主义哲学，也包括中国共产党人将其与中国具体实际相结合，形成的马克思主义哲学中国化的理论成果。马克思主义哲学应区分"在中国的马克思主义哲学"和"中国的马克思主义哲学"，实际上是指马克思主义哲学应区分广义的马克思主义哲学和狭义的马克思主义哲学，广义上讲马克思主义哲学包括"在中国的马克思主义哲学"和"中国的马克思主义哲学"。

关于马克思主义哲学的界定，直接影响着马克思主义哲学教育的内容。从上面关于马克思主义哲学的认识，我们认为马克思主义哲学教育应从广义的马克思主义哲学意义上去说明，也就是马克思主义哲学教育的内容既包括马克思、恩格斯创立和列宁等发展了的马克思主义哲学，也包括中国共产党人将其与中国具体实际相结合形成的马克思主义哲学中国化的理论成果。只有这样，马克思主义哲学教育才有时代的价值和意义，马克思主义哲学教育传授的思想理论才能解决当今时代的问题、才与时代发展相符合，具有与时俱进的理论品质；只有这样，学生才能感受到马克思主义哲学具有强大的生命力，才能有力地反驳"马克思主义过时论"的错误论断。如果我们的马克思主义哲学教育仍然像过去那样仅仅局限于马克思、恩格斯和列宁的哲学思想，特别是仅仅局限于马克思主义经典著作中做了充分发挥和论证的思想观点，那么马克思主义哲学教育的内容不能满足于时代发展的需要，也无法解决当今时代的问题。要解决当今时代的问题，必须要丰富和发展马克思主义哲学，用发展的马克思主义哲学理论分析当今时代的新问题，解决当今时代的新问题，马克思主义哲学中国化的理论成果就是中国共产党将马克思主义哲学基本原理与中国具体实践相结合，在研究新情况、解决新问题中而形成的，完成了马克思、恩格斯和列宁所没有完成也不可能完成的任务。

由此，这就涉及对哲学的理解问题和判断问题。哲学是理论化系统化的世界观，是关于自然、社会和思维发展普遍规律的科学，是人类精神的终极关怀。因此，哲学问题具有终极性、抽象性和普遍性的特征，哲学的问题是人们认识和实践中不断追问"是什么"和"为什么"而遇到的带有根本性、普遍性、终极性的问题，是具体科学所不能解决或至少现阶段不能解决的问题。具体科学解决具体问题，以具体问题为研究对象，哲学问题则是哲学研究的对象。与具体问题相比，哲学问题是在人类实践的更为广阔的时空范围内概括和总结，因此很多哲学问题是随哲学产生后一直在人类历史中存在的问题，是不同时代哲学家所研究和关注的共同问题，这些问题是哲学研究中的传统哲学。但是这些传统的哲学问题也会随时代的变化表现出不同的形式和时代特征，成为人类认识和实践中的新问题。

只要这些新问题是超出了具体科学研究和解决的范围而且在人类认识和实践中的必须加以解决的问题，并且是关系人类存在和发展根本命运的大问题，即使它超出了传统哲学观念，也仍然是哲学问题，具有世界观、人生观、价值观、认识论、方法论和社会历史观的意义。人们也往往是在对这类大问题的研究中逐步认清了其中存在的哲学问题。或者是在回答这类大问题的过程中形成了哲学层次上的观念和理论，体现了丰富而深刻的哲学思想。

就这一意义讲，毛泽东思想、邓小平理论、"三个代表"重要思想、科学发展观、习近平新时代中国特色社会主义思想所关注的问题就是哲学问题，就是马克思主义哲学中国化的重要理论成果，对马克思主义哲学的丰富和发展做出了重大的贡献。中国共产党的历代领导集体在分别探索"什么是新民主主义革命、怎样进行新民主主义革命""什么是社会主义、怎样建设社会主义""建设什么样的党、怎样建设党""实现什么样的发展、怎样发展"这些关系中国革命和建设根本命运的大问题，形成的思想路线问题、思想方法问题就是哲学问题。他们正是在对这些根本问题的回答过程中形成了哲学层次上的观念和理念，展现出他们深厚的哲学修养和高度的哲学思维。马克思主义哲学中国化的历史就是一代又一代的马克思主义者在运用马克思主义哲学解决新问题的过程中用新的观点、理论丰富和发展马克思主义哲学的历史，围绕中国革命和建设中所遇到的重大问题开展哲学研究，是中国共产党人发展马克思主义哲学的一个基本的历史经验。

中国特色社会主义理论体系的许多重要论断和科学思想，都是哲学的或具有哲学性质的理论贡献，都是马克思主义哲学发展史上的重要组成部分。从中国特色社会主义理论体系中进一步概括出哲学上的新范畴、新理论，给马克思主义哲学宝库增添新内容，这是我国马克思主义哲学工作者应尽的历史使命。它对丰富和完善我国马克思主义哲学教科书的体系和内容，增强马克思主义哲学教育的时代意义具有重要价值。

第三节 哲学的多样性与马克思主义哲学教育创新

一、哲学多样性的内涵分析及其表现

马克思主义哲学理解的多样性。马克思主义哲学，从其原本的形态即主要由马克思、恩格斯创立的新哲学的形态来说，是一种有其统一本质的理论体系，是"一"而不是"多"。但是，从马克思主义哲学在理解中的形态来说，它却表现为多样性的理解，是

"多"而不是"一"，在马克思主义哲学的发展中，马克思主义哲学在不同的时代、不同的国家和地区、不同的个人那里有着不同的理解。比较有代表性的理解是"辩证唯物主义"的理解、"历史唯物主义"的理解、"实践哲学"的理解、"总体性哲学"的理解、"实践唯物主义"的理解、"主体性哲学"的理解、"人道主义"的理解。人们对马克思主义哲学的理解方式不只是以上这些，而且在大体同一的理解方式内部还有不同的理解。可见，马克思主义哲学在理解上是多样性的。在这些多样性背后是存在着统一性。所有对马克思主义哲学的严肃的理解，都存在与理解对象的某种一致性、统一性，也就是说都正确地理解了些什么。例如，"辩证唯物主义"的理解着重说明了马克思主义哲学作为新唯物主义是与旧唯物主义、唯心主义根本的不同，实现了唯物主义与辩证法的统一，这与马克思主义哲学相一致。"历史唯物主义"的理解着重说明了马克思主义哲学是为了解决人类的问题、社会历史的问题，马克思主义的社会历史观是唯物主义的，同时也是辩证的，实现了唯物辩证的自然观与历史观的统一，这与马克思主义哲学也是一致的。"实践唯物主义"的理解着重说明实践观在马克思主义哲学中的基础地位，肯定马克思主义哲学的唯物主义性质和辩证法的性质，这也与马克思主义哲学相一致。"实践哲学"的理解着重说明了马克思主义哲学的出发点是实践的，马克思主义哲学是以实践为出发点来解释问题的哲学，这也是与马克思主义哲学相一致。"主体性哲学"的理解着重说明马克思主义哲学强调人的实践活动和认识活动具有主体性。"人道主义"的理解着重指出了马克思主义哲学中的价值理想，指出了马克思主义哲学对人类命运的关心，这也有其正确性。

马克思主义哲学存在形态的多样性。由马克思、恩格斯合作创立的马克思主义哲学原来形态，经过不同时代、不同国家和地区的继承和发展，在一个半多世纪中相继出现了一些新的形态，这充分反映了多样性是哲学发展的形式和规律。这里着重介绍几种新形态。一是列宁的马克思主义哲学形态。列宁的哲学活动的前期，特别是20世纪初写的《唯物主义和经验批判主义》是以恩格斯后期的哲学著作为蓝本的，把马克思主义哲学规定为"辩证唯物主义"，突出唯物主义与唯心主义两条哲学路线，在认识论上反复强调唯物主义反映论，即物质是客观存在的，人的意识是对于物质的反映，在世界观上强调世界的物质统一性，在历史观上强调历史唯物主义是唯物主义在社会历史领域中的推广和运用。在以后的著作中，列宁在世界观上超越了"物质世界"而达到以实践为基础的现实世界；在认识论上超越了一般反映论，认为认识的本质"不仅反映世界，而且创造世界"，在历史观上强调人民群众在实践中创造历史的伟大作用。这标志着列宁向以实践论为理论硬核的马克思主义哲学"原生态"的复归。二是西方马克思主义哲学形态。在马克思、恩格斯之后，西方资本主义国家发生了巨大的变化，各资本主义国家争夺殖民地、附属国的矛盾，资本主义各国内部矛盾的激化，发生了十月社会主义革命和两次世界大战。特别是 20 世纪 40 年代中期之后，民族独立和解放运动取得了决定性胜利，资本主义国家之间的关系出现缓和，资本主义国家内部以资本社会化、管理自觉化、分配公平化为主要内容的改革调整取得了成效。在这个过程中，形成了被称为"西方马克思主义"的哲学思潮，如葛兰西的"实践哲学"，卢卡奇的"总体性哲学""存在主义的马克思主义""弗洛伊德的马克思主义""新实证主义的马克思主义""结构主义的马克思主义"等。从总体上看，"西方马克思主义"哲学的革命色彩已经淡化了，其理论努力集中指向社会批判和文化批判，存在着马克思主义人本主义化和马克思主义科学主义化倾向，只是马克思主义人本主义化倾向占优势。"西方马克思主义"人本主义学派从不同视角批判了资本主义社会普遍存在的物化或异化问题，肯定马克思主义哲学的社会历史性质，认为马克思主义哲学是一种社会历史理论，不同意恩格斯后期所阐述的"辩证唯物主义"思想，反对恩格斯介绍的"自然辩证法"，认为它削弱甚至放弃了马克思哲学的实践论核心地位，主张用马克思主义的实践本体论扬弃旧的物质本体论。总之，西方马克思主义哲学特别是它的人本主义哲学被认为是马克思主义哲学在西方国家的主流形态，具有强烈的欧洲文化特点。三是中国马克思主义哲学的形态。中国马克思主义哲学形态的形成和发展应该是以 20 世纪 40 年代末期为界。20 世纪 40 年代末期前，中国人民的实践任务主要是实现民族独立和人民解放，这时的哲学问题主要是回答"什么是新民主主义革命，怎样进行新民主主义革命"。20 世纪 40 年代末期之后，特别是 70 年代末期以来，中国共产党人的实践主题是如何在一个和平发展的时代、一个开放的世界下扬弃旧社会主义的观念和模式，通过改革开放，开辟中国社会主义的新思路，建构中国社会主义新制度、新体制，建设富强民主文明和谐的社会主义国家。

马克思主义哲学形成的理论来源的多样性。马克思主义哲学形成的直接理论来源是德国古典哲学，即黑格尔的辩证法和费尔巴哈的唯物主义。但是从更广泛的意义来讲，马克思主义哲学是继承对人类历史一切优秀文化成果的基础上而形成的。马克思主义哲学的形成同其他哲学思想形成一样，都是对前人哲学思想批判继承基础上形成的。马克思主义哲学的每一个范畴的提出，每一思想的形成，都会受到前人哲学思想的影响。马克思主义哲学的形成，不但对西方古代、近代哲学有批判继承，而且对中国传统哲学也有批判继承。因此马克思主义哲学形成的理论来源不是单一的，而是多样的，它与西方哲学、中国传统哲学都有着千丝万缕的联系。马克思主义哲学教育就要改变"独尊马哲"的局面，不能把马克思主义哲学作为哲学唯一化存在，应当加强马克思主义哲学与西方哲学、中国传统哲学的视界交融和资源整合。

二、马克思主义哲学教育中哲学多样性的回归

(一) 马克思主义哲学教育哲学多样性回归的原则

1. 处理好哲学的多样性与主导性关系

马克思主义哲学、中国传统哲学以及西方哲学是在我国当前的文化大环境中，在学术空间内存在的三种主要哲学思潮。无疑，马克思主义哲学在当代中国的学术空间里是占主导地位的。以马克思主义哲学为主导进行改革有利于彰显马克思主义哲学的科学性与话语权，对于培养广大学生掌握分析问题的方法论具有意义。在我国马克思主义哲学教育中，哲学的教育工作者应以马克思主义为主导，必须让马克思主义哲学发挥引领、主导作用，充分认识中国化和时代化的马克思主义哲学就是我们要构建的当代中国新哲学。同时加强其同中国传统哲学、西方哲学的交流与对话，在互相比较中，明确马克思主义哲学不仅是对近代西方哲学，而且是对当代西方哲学的超越，因而马克思主义哲学因自身的特殊本性和特殊品格，在我国的哲学教育占据主导地位。

2. 处理好马克思主义哲学的意识性与科学性的关系

当前，我们的哲学教育中存在着把马克思主义意识性与科学性割裂开来的错误倾向，具体表现在：第一，坚持理论的意识指导原则，拒斥一切非马克思主义思潮，这是一种"唯马独尊"的表现。哲学应当与社会现实保持适度的张力，不能混淆哲学与政治意识。因为政治与哲学分属不同领域，哲学体现的是对人类的终极关怀，而政治是一时的东西，它随政治局势政权更迭不断发生变化。任何一种哲学理论一旦上升到意识层次，成了政治决策的解释者，如果不能有宽广的胸怀容纳不同的思想，不能保持清醒的理论头脑，那么，权力就不可避免地会腐蚀理性批判。另外，置马克思主义哲学的意识原则于不顾，讲所谓的"价值中立"，打着"纯哲学"的旗号去"审视"马克思主义哲学。用"纯学术""超立场"的尺度来要求马克思主义哲学是根本行不通的，因为马克思主义哲学本身就是作为无产阶级解放事业的武器而诞生的。上述两种错误观点都根源于割裂意识原则与科学性的关系，就是只讲其中一个方面，否认另一个方面。历史证明，无论"非意识形变化"还是"全意识化"，对于马克思主义哲学来说，在理论上都是错误的，在实践上都是极为有害的。"非意识化"意味着放弃应有的社会立场和人文责任，必然导致背离或抛弃马克思主义；"全意识化"意味着把它仅仅是当成一种反映人们自己利益和价值追求的体系，而不是一个严密的科学理论，同样也可以为否定马克思主义而用。事实上，上面两种情况

都存在，对此，我们应该充分地重视。

哲学的意识与科学性之间是统一的，处理好二者之间的关系是决定哲学能够不断繁荣和发展的保证。因此，必须在科学性与意识性之间找到恰当的平衡点，维持二者的统一。一方面，在马克思主义哲学教育中应当贯彻科学性原则，要求我们既要科学地对待非马克思主义的各种思想，同时又要把科学性原则用于理论自身的反思与批判，不断在实践中丰富和发展自己，同时汲取人类优秀的精神财富。同时，在马克思主义哲学教育中鼓励教学中探索新问题，并且坚持马克思主义哲学在我国意识中的指导地位，站在马克思主义的立场上，沿着马克思主义哲学的基本路线，用马克思主义的基本方法去研究新问题，概括新成果，从而推进马克思主义哲学教育的发展。另一方面，马克思主义哲学研究的现实性关切也必然表现为马克思主义哲学固有的政治意识功能的发挥。"在对现存事物的肯定的理解中同时包含着对现存事物的否定的理解"，"辩证法不崇拜任何东西，按其本质来说，它是批判的和革命的"。这种合理形态的辩证法，正是马克思主义哲学进行意识批判的锐利武器。在当代中国，各类人文社会科学的研究，包括马克思主义哲学在内，都致力于为中国特色社会主义现代化建设——这一与中华民族命运休戚相关的最大的政治实践而服务。马克思主义哲学的这两种特性在本质上是统一的，也是应该统一、能够统一的。把两者对立起来、割裂开来，用一个否定另一个，既不符合马克思主义哲学的本性，也不利于马克思主义哲学教育的发展。

（二）马克思主义哲学教育哲学多样性回归的路径

1. 完善马克思主义哲学教育内容

马克思主义哲学教育要回归到哲学多样性的本性上来，要完善教学内容，按照马克思主义哲学与西方哲学中国传统哲学本来的实际关系来处理教材内容，这并不意味着要把马克思主义哲学教材变成一个杂乱无章的拼盘，而是要按照中、西、马哲学本来的面貌来安排教材内容，当然会有取舍、详略等方面的安排，但是，不能任意、随意地割断三者之间的内在联系，尤其是不能人为地抬高马克思主义哲学，不可实际地贬低中国传统哲学或者西方哲学，这样做会产生在给马克思主义哲学过多荣誉的同时，也就是不符合实际的教学安排，没有说服力、没有影响力，也不会有话语权。

马克思主义哲学教育内容要体现马克思主义哲学、中国传统哲学、西方哲学的对话与"视界交融"，马克思主义哲学不是马克思、恩格斯苦思冥想而形成的，而是在与中国传统哲学、西方哲学的对话交流与"视界交融"中而形成的，是他们通过对中国传统哲学、西方哲学的"理解"和"解释"的再创造过程而形成的。因此，马克思主义哲学中始终包含着中国传统哲学、西方哲学的元素。马克思主义哲学通过对话与交流，分享彼此经验，从而为自己新的哲学理论诞生开辟了更多的生长点。马克思、恩格斯正是在对他们自己从前的哲学信仰做一清算之后形成自己的新世界观。在马克思主义哲学教育中，我们不仅要知道马克思主义哲学说了些什么，更重要的是要知道马克思主义哲学因为什么和为什么这样说，也就是因为什么和为什么说得与中国传统哲学、西方哲学有那样大的差别。这就要求在马克思主义哲学教学中融入中国传统哲学、西方哲学的元素，将马克思主义哲学与中国传统哲学、西方哲学进行比较，明确马克思主义哲学的基本概念、基本理论的历史形成和历史继承。这就是让马克思主义哲学与中国传统哲学、西方哲学对话。否则我们的马克思主义哲学教育只会让学生知其然不知其所以然，只知道了马克思主义哲学的"知识"，而不可能把握马克思主义哲学的精髓和实质。

2. 转变思想观念

马克思主义哲学教育要回归到哲学多样性的本性上来，重要的要转变教师的思想观念，也就是要求教师从过去对马克思主义哲学理解的错误观念转变过来。具体说来就是从马克思主义哲学教育是政治教育的观念转变过来，从"独尊马哲"的观念转变过来。马克思主义哲学毕竟始终是哲学，而且是人类哲学发展史上的一种新的哲学形态。因此我们要从思想史、理论史、哲学史的角度认识马克思主义哲学的独特性、必然性和不可替代性，认识到马克思主义哲学是哲学中非常重要不可替代的一个分支，这个不可替代不是说哲学就等同于马克思主义哲学，或者说马克思哲学就是哲学的唯一，而是说，马克思主义哲学是哲学当中一个不可缺少的、不可替代的组成部分，具有非常重要地位。只有真正地从思想上转变观念，才能在教育中付诸实践，毕竟思想是行动的先导，思路决定出路，只有在马克思主义哲学教育中的思路正确了，才有正确的出路。我们把马克思主义哲学放在哲学多样性中来考察，不是否定马克思主义哲学的存在价值、不是削弱马克思主义哲学对我们解释世界、改造世界的指导意义，而是为了更加客观、更加具体真实地认识和对待马克思哲学，也就是要树立一种科学的马克思主义哲学教育观，只有这样，才有可能实现按照哲学多样性的应然要求进行马克思主义哲学实然教育。

3. 提高教师的哲学素养

教师在教学环节中起主导作用，他们是教学的发起者、组织者、参与者，他们的哲学素养如何直接决定哲学教育的成败。在马克思主义哲学教育中，教师是否认同和贯彻哲学多样性的思想观念是至关重要的。只有教师真正地从内心理解哲学多样性在马克思主义哲学教育中的重要性、必要性与必然性，才能在马克思主义哲学教育中真正贯穿这一要求，从而真正让学生在纵向继承与横向借鉴中看到马克思主义哲学本身的丰富性，明晰了马克思主义哲学的综合创新性。马克思主义哲学作为"中、西、马"中的一支流派，不是在与二者相互隔离与拒斥中产生与发展，而是建立在对西方哲学借鉴与超越，对中国传统哲学继承与转化中产生与发展的，因此，我们不能离开西方哲学、中国传统哲学来谈马克思主义哲学，而是要在相互借鉴与继承中看待马克思主义哲学。因此，马克思主义哲学教师首先是哲学教师，其次才是马克思主义哲学教师。作为从事马克思主义哲学教学的教师，不是说对于中国传统哲学、西方哲学一无所知，而是说，在全面了解中国传统哲学、西方哲学、马克思主义哲学的基础上，马克思主义哲学素养在其中占有主导地位。因此在一定意义上说，马克思主义哲学教师、中国传统哲学教师、西方哲学教师之间的区分不是有没有马克思主义哲学背景、中国传统哲学背景、西方哲学背景，而是说三种哲学素养在一个教师身上，哪种哲学素养占据主导地位。如果是马克思主义哲学素养占据主导地位，那么就是马克思主义哲学教师，如果是西方哲学素养占据主导因素，那么就是西方哲学教师，如果是中国传统哲学素养占据主导因素，那么就是中国传统哲学教师。因此，要在马克思主义哲学教育中回归哲学的多样性，就是要求教师在全面了解中哲、西哲、马哲的基础上讲授马克思主义哲学。

这就给马克思主义哲学教师提出了极高的要求。要求马克思主义哲学教师不只是懂马克思主义哲学，有马克思主义哲学背景，而且要对马克思主义哲学、中国传统哲学、西方哲学都有所了解和把握。学习哲学不能仅仅学习一家一派的思想理论，而必须将人类精神已经走过的路都走一遍，把人类精神已经思想过的东西都要思想一遍，然后我们才有资格选择或开拓自己的路。马克思主义哲学正是在对中国传统哲学、西方哲学走过的路重新走了一遍，对中国传统哲学、西方哲学思想过的东西重新思想了一遍，才得以形成的，才有他们自己开创的新的哲学理论。我们的教师也只有全面了解和把握马克思主义哲学、中国传统哲学、西方哲学的基础上，才会形成自己的讲授路径和思想认识，否则就会照本宣科，知识灌输。同时要求马克思主义哲学教师加深对马克思主义哲学、中国传统哲学、西方哲学的理解。理解的过程在某种程度上也是"再创造"的过程。只有加深对这三种哲学资源的理解，我们才能在教学中整合统筹三种哲学资源，达到融会贯通，优势互补，形成一个有机的大于部分之和的整体，从而有利于哲学新理论的产生。当然马克思主义哲学教师在哲学资源的整合统筹中处于轴心地位，应当承担起主动整合、主动统筹、主动吸收的主导作用和引领作用。

马克思主义哲学教育改革就是立足实然、走向应然，使马克思主义哲学应有的功能得到最大限度地发挥。马克思主义哲学教育的回归，从横向上看，就是要回归到"马魂·中体·西用"的认识上来，从纵向上看，就是要回归到马克思主义哲学史上来，从深度上来看，就是从常识回归到思维上来，也就是使马克思主义哲学成为具有历史厚重感、具有比较优势、具有理论深度的集合体与统一体，从而使学生在系统深入学习中感受到马克思主义哲学的理论魅力、逻辑魅力、历史魅力。马克思主义哲学教育改革说到底就是不忘初心、继续前进。不忘初心，就是不忘从多样性的角度把握马克思主义哲学，继续前进，就是要从其他哲学学说的发展中汲取合理养分发展马克思主义哲学。

参考文献

[1] 汪青松. 思想理论教育与马克思主义中国化［M］. 上海：上海社会科学院出版社，2018. 12.

[2] 陈华兴. 马克思主义理论研究与教育1［M］. 杭州：浙江工商大学出版社，2018. 12.

[3] 逢锦聚. 马克思主义理论教育教学论［M］. 北京：中国人民大学出版社，2018. 5.

[4] 莫天福. 高校马克思主义理论教育的理论梳理与实践反思［M］. 成都：四川大学出版社，2018. 6.

[5] 李海青. 中国化马克思主义的理论探索与创新机制［M］. 北京：人民出版社，2018. 12.

[6] 邱辰禧，金慧，顾永新. 高校马克思主义理论与教育探索［M］. 长春：东北师范大学出版社，2018. 11.

[7] 李紫娟. 马克思主义国家理论研究［M］. 北京：中国社会科学出版社，2018. 4.

[8] 骆郁廷. 高校马克思主义理论教学与研究文库思想政治教育引论［M］. 北京：中国人民大学出版社，2018. 3.

[9] 郭强. 马克思主义中国化理论成果与新时代思想政治教育研究［M］. 北京：研究出版社，2018. 6.

[10] 王东. 马克思十大理论创新［M］. 北京：中央编译出版社，2018. 8.

[11] 闫艳红. 马克思主义理论教育的历史进程［M］. 北京：中国政法大学出版社，2019. 1.

[12] 陈华兴. 马克思主义理论研究与教育2［M］. 杭州：浙江工商大学出版社，2019. 12.

[13] 黄宇. 马克思主义理论研究［M］. 杭州：浙江工商大学出版社，2019. 4.

[14] 刘勇. 马克思主义基本理论与实践研究［M］. 北京：中央编译出版社，2019. 12.

[15] 旷为荣. 中国化的马克思主义理论研究［M］. 昆明：云南大学出版社，2019. 7.

［16］朱康有. 中华优秀传统文化与马克思主义［M］. 重庆：重庆出版社，2019. 4.

［17］石磊. 马克思生态休闲思想研究［M］. 中央编译出版社，2019. 1.

［18］裴雅彬. 新时代的思考高校马克思主义大众化研究［M］. 长春：吉林大学出版社，2019. 1.

［19］李梅敬. 理论层次视域中的马克思道德思想［M］. 上海：上海社会科学院出版社，2019. 1.

［20］何源章. 中国特色社会主义社会治理相关理论研究［M］. 安徽师范大学出版社，2019. 3.

［21］马学春. 传播和守望马克思主义理论融合高校思想政治教育研究［M］. 镇江市：江苏大学出版社有限公司，2020. 6.

［22］马志霞. 思想政治教育学科价值研究：以马克思主义理论学科为视域［M］. 北京：社会科学文献出版社，2020. 8.

［23］杨金洲. 马克思主义基本原理专题［M］. 武汉：武汉大学出版社，2020.

［24］蔡钊利. 马克思主义经典著作导读［M］. 西安：陕西人民出版社，2020. 8.

［25］李安增. 马克思主义与中国传统文化研究［M］. 济南：齐鲁书社，2020. 3.

［26］孙武安，衡孝庆. 新时代马克思主义研究第2辑［M］. 杭州：浙江工商大学出版社，2020. 6.

［27］江洪明，秦海燕. 新时代思想政治教育理论研究与实践探索［M］. 沈阳：沈阳出版社，2020. 3.

［28］邓韵. 马克思主义理论教育中的美育实践研究［M］. 武汉：湖北美术出版社，2021. 2.

［29］艾子. 新时期教育基本理论的马克思主义传统发展研究［M］. 江苏大学出版社有限责任公司，2021. 6.

［30］刘复兴，唐景莉，张剑. 新时代马克思主义教育理论的创新与发展研究［M］. 北京：中国人民大学出版社，2021. 5.

［31］王庭大，唐景莉. 新时代马克思主义教育理论创新与发展研究丛书坚持党对教育工作的全面领导［M］. 北京：中国人民大学出版社，2021. 10.

［32］乔磊花，邵秋燕，应慧超. 马克思主义理论课的教学研究［M］. 北京：中国财富出版社，2021. 5.